August Becker

Vervehmt - Roman aus der Gegenwart

August Becker

Vervehmt - Roman aus der Gegenwart

ISBN/EAN: 9783741158568

Hergestellt in Europa, USA, Kanada, Australien, Japan

Cover: Foto ©Andreas Hilbeck / pixelio.de

Manufactured and distributed by brebook publishing software (www.brebook.com)

August Becker

Vervehmt - Roman aus der Gegenwart

Verfehmt.

Roman aus der Gegenwart

von

August Becker.

Erster Band.

Das Recht der Uebersetzung ist vorbehalten.

Berlin, 1868.
Druck und Verlag von Otto Janke.

Inhalt des ersten Bandes.

	Seite
Erstes Capitel. Führt zu einem Einsiedler in einer großen Stadt	1
Zweites Capitel. Erzählt, wie man Einsiedler werden und was man in stillen Nächten hören kann . .	20
Drittes Capitel. Gefällt sich in unliebenswürdigen Aufschlüssen	50
Viertes Capitel. In welchem mehreres über den Helden unserer Geschichte verlautet und am Schlusse kühles Wasser rauscht	86
Fünftes Capitel. Handelt von einigen Cavalleren, einem gelehrigen Pudel und vier schönen Pferden . .	115
Sechstes Capitel. Der Leser wird in einen geistreichen Kreis eingeführt und mit einigen sonderbaren Käuzen bekannt gemacht	140
Siebentes Capitel. Spielt größtentheils in einem Boudoir	179
Achtes Capitel. Maler Held findet Veranlassung zum Sticheln und macht Erfahrungen	162
Neuntes Capitel. Welches den Grund enthält, warum der Architekt hätte Jurist werden sollen	222

Erstes Buch.

Erstes Capitel.

Führt zu einem Einsiedler in einer großen Stadt.

Lange gerade Häuserlinien ziehen sich von dem Ringe freier Plätze und breiter Straßengürtel, welche die Altstadt umspannen, nach Westen und Nordosten, um sich als regelmäßige Vorstadtstraßen weit draußen in grünen Wiesen und Haideflächen oder über sanft ansteigende Höhen hin im kühlen Blachfeld zu verlieren. Kein Thurm erhebt sich über die ausgedehnten Häuserquadrate dieser großen Vorstädte. Nur aus manchem Fenster der hohen Stockwerke hat man einen Blick auf die Thürme und Kuppeln der lärmvollen Altstadt, oder an diesen vorüber auf die Hochalpen, die blau und weiß am fernen Horizont aufsteigen und deren gewaltiger Kamm in langer Kette über das grüne Vorland zur Stadt niederschaut.

Während ein Gang durch die verkehrreichen Straßen der Altstadt dem sinnenden Beschauer allenthalben lebendige Bilder und mannigfache Kurzweil bietet,

würden die neueren Stadttheile vor den Thoren nur
langweiligen Anblick gewähren, wenn die gedehnten
Straßenzeilen nicht da und dort von weiten, modernen Plätzen unterbrochen wären, auf denen sich die
Kunsttempel im heitern, antiken Styl erheben und
Architekturbilder schaffen, deren freundlicher Gegensatz
zu jenen der Altstadt angenehm überrascht. Einige
dieser Vorstadtstraßen sind auch von Reihen niedlicher
Blumengärtchen begleitet, die zur Zeit der Flieder-
und Rosenblüthe den dahinter liegenden Häusern den
Reiz anmuthiger Wohnlichkeit verleihen. Dann hau-
chen die überhängenden Syringen, die Centifolien und
Remontanten berauschend und erquickend den Spaziergänger an, der durch die langen Straßen der Vorstadt hinauswandert, um auf der blumigen Wiese und
der luftigen Anhöhe eine reinere Atmosphäre einzu-
athmen. Nicht ohne Neid sieht er über die Planken
auf das kleine, reizende Blumenrevier, in welchem ein
alter Herr im Hausrocke dämelnd umherschreitet,
Kinder auf den schmalen Kieswegen spielen, alte und
junge Frauen in der durchsichtigen Laube den Nach-
mittagscaffee schlürfen, die Modezeitung lesen, Stick-
muster verarbeiten oder Toilette, Lebenswandel und
Intriguen beliebter Opernmitglieder besprechen, wäh-

rend die Schwarzamsel im dichten Laube daneben ungehört ihr schönstes Frühlingslied durch den goldgelben Schnabel flötet.

Auch das Haus, in welches wir den Leser einführen, ist gleich allen in der Reihe durch ein solches Gärtchen von der staubigen Straße getrennt, die gerade nicht zu den ruhigen zählt, sondern belebter ist, als den Bewohnern lieb sein mag. Das Haus zeichnet sich vor den andern durch nichts als durch seine Stylosigkeit und durch eine Höhe aus, die in keinem Verhältnisse zu seiner geringen Breite steht. Vier Fenster gehen nach der Garten= und Straßenseite in jedem Stock; von diesen Fenstern ist das vierte des Erdgeschosses von davor stehenden Bäumen und überhängendem Fliedergebüsch so verdeckt, daß man es von der Straße aus fast nicht bemerkt. Das Licht, das es einem langen, schmalen Zimmer spendet, ist somit kein besonders reichliches; und wenn wir aus dem Freien kommend in das Zimmer eintreten, umfängt uns eine milde Dämmerung, die geheimnißvoll über den Gegenständen waltet, während wir uns in dem Raume umsehen.

Der tiefen Fensternische gegenüber am andern Ende des Zimmers öffnet sich ein hoher, mit gelben

Vorhängen versehener Rundbogen, der in eine alkovenartige Verlängerung des Raumes führt, welche offenbar als Schlafkabinet dient. Dadurch gewänne das Gelaß etwas heimlich alterthümliches, wenn die graublaue Tapete, welche mit ihrem unruhigen Arabeskenmuster Kanten und Flächen der Wände gleichmäßig überzieht, den Eindruck nicht sehr ernüchtern würde. Die Wirkung dieser Mauerverkleidung ist jedoch wieder gelähmt durch hohe Bücherschränke, aus denen bis zur Zimmerdecke empor die Rücken der Bände glänzen, während die breiteren Wandflächen alle mit — aus vielen einzelnen Blättern zusammengesetzten — Karten deutscher Lande behängt sind. Wenn nun diese Wandverkleidung schon für das gewöhnliche Auge wohlthuender ist, als das langweilige, in nichtssagenden Arabesken sich immer wiederholende unruhige Tapetenmuster, so müssen die Schraffirung der Bodenplastik und das übrige Detail dieses Kartenwerks noch anheimelnder auf den verständnißvollen Beschauer wirken.

Dennoch macht das Gemach im Ganzen einen ziemlich melancholischen Eindruck, den die gelbe Eichenfarbe der Möbel nur wenig mildert. Zwei große Schreibtische, jeder mit einem Aufsatze von Schriften-

fächern und Büchergestellen, verengen den Raum schon
sehr; noch mehr in der Mitte des Zimmers ein
plumpes, niederes Doppelpult vor einem schwarz-
ledernen, zwischen Schrank und Tisch eingeklemmten
Divan. Außer dem milchweißen Kachelofen beschränkt
sich so die ganze Einrichtung auf Gegenstände, die
zum Studiren, Lesen und Schreiben dienen. Ueberall
liegen Bücher, Mappen, Hefte, beschriebene und un-
beschriebene Blätter, Chartenrollen, Bleistifte und
Stahlfedern umher; staubige Tintengläser stehen in
den Ecken oder von Manuskripten verdeckt auf den
Tischkanten, und der Anblick bietet jene Unordnung,
die man reizend zu nennen liebt, was sie jedoch weder
für den Besucher noch den Bewohner sein dürfte.
Denn in letzteren fährt etwa alle vier oder fünf Mo-
nate ein wahrhaft berserkerwüthiger Ordnungssinn,
der dann rücksichtslos und mit solchem Erfolge auf-
räumt, daß er alle Mühe hat, das Aufgeräumte je
wieder zu finden.

Für die Nachbarn und die nächtlicher Weile
heimkehrenden Bewohner der Straße birgt dies Zimmer ein Geheimniß, vielmehr ein Räthsel. Seit vor
einem halben Jahre das Erdgeschoß des Hauses, zu
welchem das Gärtchen gehört, von einer neuen Par-

thei bezogen worden, fiel aufmerksamen Beobachtern auf, daß allnächtlich, wenn in allen Fenstern des Hauses und der Nachbarschaft die Lichter erloschen, ein schwacher, gedämpfter Schimmer aus jenem Fenster durch die noch nicht völlig belaubten Zweige der Bäume und Gesträuche in die Frühlingsnacht herausfiel, bald kaum ersichtlich, bald stärker. Die weiter außen in der Straße wohnenden Pensionairs und Privatiers, denen das einmal aufgefallen war, unterließen nicht, von der Bierbank heimtrollend, immer wieder nach dem fast verdeckten Fenster zu schauen und mit gedankenvollem Kopfschütteln fürber zu wanken, wenn der röthliche Schimmer auch noch nach Mitternacht durch das Geäste leuchtete, während doch die Straßenlaterne schon gelöscht war und ägyptische Finsterniß über der schlafenden Vorstadt brütete. Der Lampenmann, welcher nach Mitternacht das Gaslicht erstickte und die Beleuchtung der Straße auch dann den Sternen am Himmel überwies, wenn sie sich hinter den Wolken einer Sturmnacht bargen, pflegte ebenfalls einen Blick nach dem seltsamen Fenster zu werfen, dessen rosiger Glast keineswegs von einem gewöhnlichen Nachtlichte herrühren konnte, da er schon einigemal plötzlich erloschen war, während der Lampenmann eben zu ihm hinüberschaute. Eine Haushälterin im gegenüberliegenden Gebäude sah aber, wenn sie aus irgend welchen Gründen in der Nacht aufstehend hinaus lauschte, bei klarem Himmel wie in finstern, stürmischen Nächten, das geheimnißvolle Fenster beleuchtet, oft noch, wenn sie zum neuen Tagewerk aufstand, so daß sie dann in unruhiger Betrachtung durch das bewegte Gezweig nach den schwacherhellten Scheiben zu schauen pflegte, bis der Schein in den frühen Morgenstunden mit einem Male verschwand und das Fenster so dunkel und hohl in die Finsterniß hereinsah, wie jedes andere.

Kam nun der Tag mit seinem klaren Lichte, so konnten die Nachbarn oft eine junge, schlanke Frau in Trauerkleidern an den Fenstern sitzen sehen, auf deren Schoos sich ein kleiner pausbäckiger Junge abmühte, das breite Fenstergesims zu erklimmen, das schon von seinen um wenige Jahre älteren Brüderchen besetzt sein mochte. War mildes, trockenes Wetter, so tummelten sich dann wohl auch die hübschen Kinder auf den Kieswegen des Hausgärtchens umher, sahen den frischaufgeblühten Tulpen oder Schwertlilien neugierig in die Kelche und jauchzten laut auf, wenn eine Hummel, eine Biene, ein Käfer

oder gar ein Schmetterling darinnen schwelgte; oder
sie liefen zur Mutter, die den kleinsten mit seinen
noch schwankenden Beinchen über den Kies geleitete,
um ihr zu verkünden, was sie da gesehen und was
in den Blumen vorgehe. An besonders sonnigen
Tagen trug wohl auch eine Magd den Jüngsten auf
dem Arme hinaus auf die Straße und weiter, während die andern Kinder mit der Mutter folgten.
Dann standen die Fenster des Erdgeschosses weit auf,
mit Ausnahme jenes vierten, halbversteckten, das sogar mit Doppelfenstern verschlossen blieb.

Diese Doppelfenster öffneten sich regelmäßig drei-
mal des Tags auf kurze Zeit — Morgens, zur Zeit
des Mittagessens und in der Abenddämmerung. Dann
konnte es wohl geschehen, daß man einen Herrn von
etwa fünfunddreißig Jahren in Hausschuhen und bun-
telm Rocke in dem Gärtchen erscheinen sah. Die
Nachbarschaft, welche sich darum kümmerte — und
sonst kümmerte sich Niemand weiter darum — hatte
alsbald herausgefunden, daß dieser Herr von ernstem,
ziemlich regelmäßigem Angesichte und von kräftigem
Wuchse, nur wenig über mittlere Größe, war. Sein
reiches blondes, übrigens schlichtes Haupthaar trug
er lang und zurückgestrichen; ein Vollbart umfaßte

das ziemlich große Gesicht. Da und dort blieb er vor einer knospenden Pflanze oder blühenden Blume des noch dürftigen Gärtchens stehen, indem er die ausgegangene Cigarre zwischen den Fingern hielt. Dann sah er wohl auch in die grünen Baumkronen empor nach einem Buchfink, der sein Lied herunterschmetterte, oder saß auf einer einfachen Bank im Schatten, um den Vögeln einige Brosamen hinzuwerfen. Nun kam es auch vor, daß hinter den Fenstern des Erdgeschosses die junge Frau mit dem pausbäckigen Knäblein erschien, das so lange verlangend und zärtlich stammelnd die dicken Aermchen nach dem Manne im Garten ausstreckte, bis dieser sich emporreckte, um den Kleinen durch's Fenster zu heben und auf die Kniee zu nehmen. Viele Leute gingen außen vorüber und sahen über die Planken herein, manche hielten auch zu Wagen außen vor einem vielbesuchten Künstleratelier, — der Mann im Garten achtete nicht darauf und sonnte sich nur an den lichten, sprechenden Augen und lebhaften Bewegungen des Kindes auf seinen Knieen, das den Vögeln und Schmetterlingen nachwollte.

Aus solchen Beobachtungen schlossen die Nachbarn, daß der blonde Herr der Gemahl jener Frau sein müsse. Warum aber, fragten sie sich hiebei, warum begleitete er Mutter und Kinder nie bei deren Spaziergängen, — warum sah er stets so ernst und verschlossen drein, ging überhaupt nie aus und verschwand auch aus dem Gärtchen immer sehr bald wieder? Warum wurden dann jene Doppelfenster jedesmal wieder geschlossen, aus denen in stiller Mitternacht und oft bis zum Morgen der räthselhafte Schimmer strahlte? Auch bemerkte man nicht, daß er je Besuche empfing, wohl aber hatte man schon gesehen, daß er während seines kurzen Verweilens im Garten dem Postboten Briefe und Pakete abnahm, also mit der fremden Welt draußen in einigem Verkehre stand. Wenn er nun der Bewohner jenes Zimmers war, das sein Licht von dem halb hinter dem Laubwerk versteckten Fenster empfing, was trieb er in der Nacht, in der langen Nacht bis zum Morgen? —

Nun lag nach stürmischen Wochen ein schöner Maientag über der Stadt und dem Lande. Die Sonne schien warm in die Straße herein und auf die feuchten Beete des Hausgärtchens, so daß sich die niedergedrückten Blumen wieder hoben und neue Knospen farbenduftig aufbrachen. Alle Fenster im Erdgeschoß waren der hellen Sonne und der würzi=

gen Luft geöffnet. Auch das Doppelfenster jenes Zimmers stand offen, welches fast unheimlich dunkel das Auge angähnte, das von außen hineinzubringen wagte.

Innen gestaltete sich freilich das Bild etwas anders. Zwar herrschte in dem Gemache, das wir bereits kennen, kein so helles, blendendes Licht, als in den anstoßenden Räumen; dennoch waren alle Gegenstände klar und deutlich zu erkennen, und selbst auf der hintersten Karte an der Wand der Name jedes Flüßchens, jedes Weilers mühelos zu lesen. Denn warm und glänzend lag das Sonnenlicht auf dem blühenden Flieder, der seine Zweige zu einem herrlichen Laub- und Blüthendache vor dem Fensterbogen wölbte, so daß ein mildes, grünes Licht in das Zimmer fiel, während einzelne Strahlen in ungebrochener Goldfarbe durch die Laublücken hereinleuchteten. Eine angenehme Kühle herrschte selbst zu dieser Nachmittagsstunde hier. Der Raum war erfüllt von dem lieblichen Dufte, den die großen Fliederbüsche durch das offene Fenster herein hauchten.

Jetzt war es heimlich, ja fast poetisch traulich hier, trotz der staubigen Bücher in den Wandschränken und den unordentlich umherliegenden Blättern und Heften. Dabei herrschte eine Stille, in welche nur die Laute von der Straße eine Unterbrechung brachten. Doch, horch! Wie ein Orgelton tönt es durch den engen Raum, — es ist das Gesumme einer Hummel, welche sich durch das offene Fenster herein verirrt hatte. Und lauschte man aufmerksamer, so konnte man Laute vernehmen, die wie das leise Picken einer Taschenuhr hinter der verschlossenen, graublauen Tapete vernehmbar wurden, — der Holzwurm bohrte da innen.

Doch diesen hörte die junge Frau nicht, welche eben leise die Zimmerthüre öffnet. Während ihre großen Augen im Raume umher suchen, lauscht sie einem tiefen, wenn auch nicht lauten Athemzuge, der von dem Ledersopha hinter dem Schreibepult herzukommen scheint. Unhörbar tritt sie auf den Zehen noch einige Schritte vor, während ihre Hand den Kindern abwehrt, da diese hereinbringen wollen. Auf dem Divan hinter dem Pulte liegt der Bewohner des Zimmers; der blondbärtige Kopf hebt sich plastisch von dem dunkeln Lederkissen ab; ein Buch ist der Hand entsunken und ein zur Hälfte beschriebener Bogen ruht auf der einen Pultseite, während die regelmäßig auf- und niederwogende kräftige Brust des Mannes mit ihrem ruhigen Athemzuge auf tiefen Schlummer deutet.

Eine Weile ruht das Auge der Frau auf dem Manne, dann wendet es sich zu den Kindern im anstoßenden Gemache zurück, von wo der Austritt aus dem Hause genommen werden soll. Mitten im Jubel über den Gang in's Freie sehen die Kleinen jetzt ernst drein.

„Dürfen wir dem Papa nicht die Hand geben?" fragte das ältere der Kinder. „Sag' doch, Mama!"

„Nein!"

„Warum denn nicht?"

„Ihr stört ihn."

„Warum stören wir ihn denn?"

„Papa schläft," antwortete die Mutter seufzend. „Er hat wieder in der Nacht nicht geschlafen."

„Warum denn, Mama?" fragten die Kinder im Weitergehen.

„Papa mußte arbeiten."

„Warum muß er denn arbeiten? Warum schreibt er denn nur immer?" lauteten die kindlichen Fragen weiter.

„Damit ihr spazieren und in Schule gehen könnt', um einmal tüchtige Männer zu werden," versetzte die Mutter in halb unterdrücktem, bekümmerten Ton, der den Kleinen nicht vernehmbar sein sollte.

Das Thema fortspinnend wollte nun das Eine der Kinder einmal ein Prinz werden, weil die nichts zu lernen und zu arbeiten brauchen, das Andere wollte aufpassen, wenn's Sternthaler regne, um recht viele auflesen zu können. Draußen auf der blumigen Wiese am Ende der langen Straße vergaßen die Kinder ihre Wünsche und was hinter ihnen lag; denn die grüne Aue lag weit und prächtig vor ihnen in gold- und silberfarbiger Blüthe, wie von Sternthalern besät. Gleich den Engeln sprangen sie im Grase, nach den Lenzblumen und Schmetterlingen haschend, indem sie das kurze Paradies unsers Menschenlebens in glücklicher Unbewußtheit genossen. Daheim jedoch im dämmerigen Arbeitszimmer des Vaters stand der freundliche, trostspendende Bruder des Todes unsichtbar neben dem Schlummernden, um ihm die Furchen des Denkens und die Rinnen und Gruben der Sorge von der Stirne zu glätten.

Vielleicht umweben den Schlafenden Bilder der eignen Kindheit, die ihm in einem der anmuthigsten Thäler des Vaterlandes verflossen. Vielleicht geleitet ihn der Traumgott wieder durch das Eden, aus welchem ihn hoffnungsvoller Ehrgeiz schon lange in die Welt hinausgetrieben, wo der Baum seines schönen Glaubens an die Menschen Blatt um Blatt verloren und nur noch wenige grüne Zweige treibt. Die tiefe Ruhe, welche über das Antlitz des Mannes gebreitet ist, deutet wenigstens auf eine freundliche Spiegelung des hier waltenden Friedens in der Seele des Schlummernden.

Ein jäher, gellender Ton, der jetzt durch die Stille drang, unterbrach diese Ruhe. Es war das Klingen der Hausglocke, das wohl den Schlummernden stören, ihn jedoch nicht aufwecken konnte. Er wendete den Kopf und änderte die Lage, damit auch den Ausdruck seines Antlitzes. Die Stirne faltete sich, die bärtige Lippe warf sich auf und stieß heftige unartikulirte Laute, wie in tiefem Grimme, aus, — ja, die schlaff herunterhängende Hand ballte sich zur Faust und die rasch sich hebende und senkende Brust trieb den Athem schnaubend durch die Zähne. So lag der Träumende wie zu tödtlichem Kampfe bereit, — ein seltsames Bild. Es mußte ein böser Traum sein, der wie in Sturzwellen über die bewußtlose Seele des Schlafenden hinfluthete und sie im Strudel auf- und niederhob.

Man weiß, wie rasch sich Träume abspinnen. Im Momente des Erwachens kann man ein ganzes Leben durchträumen. Es ist eine finstere Seite unsers Erdenlebens, daß auch der Traum so selten der versöhnliche Ausgleicher menschlicher Geschicke ist, daß auch seine Hand nur zu oft härter und rauher auf den Mühseligen und Beladenen dieser Welt liegt, als auf den Günstlingen des Glückes. Unbarmherzig taucht er seine Opfer alsdann in die trübe Fluth böser Erinnerungen oder Befürchtungen, und durchtränkt in einem einzigen Augenblick das Gemüth, das im wachen Zustande Lethe gefunden und getrunken hätte, mit aller Bitterkeit einer leidvollen Vergangenheit oder sorgenvollen Zukunft. Es mußte ein böser Traum sein, in dem der Schlummernde dorten befangen war, als er die geballte Faust erschlafft sinken ließ und ächzend und stöhnend sich auf dem schwarzen Ledersopha wälzte.

Nochmals gellte der durchdringende Ton der Hausglocke in das Gemach und erweckte den Schläfer, der mit trüber und verstörter Miene den Kopf aufrichtete. Ein erleichternder, tiefer Seufzer hob seine Brust, als er sich im Zimmer umsah und sich vergewisserte, daß er nur geträumt habe. Aber seine

Miene klärte sich nicht völlig auf. Mit gedankenvoller Stirne trat er an das offene Fenster, vor welchem sich die blühenden Syringenbüsche wölbten. Er sah über das Gärtchen hin nach der Straße, wo mehrere Wagen vor dem gegenüberliegenden Atelier hielten und viele Menschen vorüber kamen, ohne daß er auch nur einen bemerkt hätte. Sein Sinn war jetzt, wo das Gemüth noch unter der Nachwirkung des Traumes litt, nicht offen für äußere Wahrnehmungen. Immer wieder athmete er krampfhaft auf.

Im Hause war es stille. Auch die gewohnten Kinderstimmen, welche oft störend, öfter aber noch erquickend und anregend wie Musik, durch die Thüren gedämpft in die Einsamkeit seines Zimmers drangen, waren verstummt. Vielleicht war es Sehnsucht nach dem Anblicke der Kleinen, was ihn jetzt durch das anstoßende Zwischengemach nach der Familienstube trieb. Als er diese leer fand, kehrte er in das eigne Zimmer zurück.

Hier öffnete er mit zögernder Hand ein Schubfach seines Schreibpultes, nahm einige Blättchen mit grotesken Compositionen, von Kinderhand gezeichnet, heraus und betrachtete sie mit wehmüthigem Lächeln.

Dann faßte er ein größeres umwickeltes Blatt

und schlug die Umhüllung zurück, — das Bild eines schönen sechsjährigen Knaben in photographischer Aufnahme stand vor seinen schwimmenden Augen, — das Haupt bekränzt, die Hände gefaltet, auf den holden Zügen der Ausdruck selIgen Friedens.

Ein heftiger Schmerz prägte sich auf den Zügen des Mannes aus; seine Brust zog sich krampfhaft zusammen und durch die Stille des Zimmers gingen wimmernde Klagelaute, die Niemand, Niemand hörte.

„Mein Kind! Mein Kind! O mein Kind!" stöhnte es so leise, daß das Ticken der „Todtenuhr" im Wandschranke dadurch nicht übertäubt wurde.

Einige Minuten verstrichen so. Dann ward das Blatt eben so zögernd, wie es hervorgeholt worden, wieder in die Schublade versenkt. Aber der Mann legte, wie segnend, seine Hand über dieselbe.

„Wohl Dir, daß Du diesem Erdenleben entrückt wurdest, als seine Täuschungen an Deine reine Seele heranzutreten begannen. Untröstlich weintest Du und wolltest Dich der Weihnachtsbescheerungen nicht mehr freuen, als Deine kleinen Schulgenossen Dir offenbarten, daß nicht Christkindel, sondern irdische Hände sie darbrächten. Nur wenige Wochen hieltest Du noch aus, und dann gingest Du den dunkeln Weg, um zu schauen, ob Wahrheit, ob Wahn, was uns auf Erden bewegt und erhebt, erfreut und tröstet. Wo bist Du jetzt? Was bist Du? Staub Dein Leib, Deine Seele ein Nichts? Oder schwebt sie um die Sterne, nach denen Du von den Mutterarmen ahnend geschaut und die Händchen verlangend gestreckt? Ein Astronom wolltest Du immer werden, — wird Dein Sehnen nach Erkenntniß des Getriebes jener goldenen Weltfunken gestillt, oder ruht Deine kaum erwachende Seele schon ausgelöscht für die Ewigkeit? Nein, Dein Tod lehrt mich an Engel glauben, Du verklärter Genius unserer Familie. Du wolltest uns ein Engel bleiben, — drum gingest Du so frühe von hinnen." —

Zweites Capitel.

Erzählt, wie man Einsiedler werden und was man in stillen Nächten hören kann.

Ueber dem kleinen Hausgärtchen vor dem Fenster lag ein warmer Maientag. Köstlich duftete der Flieder. Fink und Amsel sangen verlockend von den Bäumen.

So sehr die Arbeit drängte, zog es den Einsamen nun dennoch hinaus in den engen, grünen Raum. Aus der einfachen Laube schaute er nun auf das verblühende Gaisblatt und die leise nickenden Shringensträuße, auf den Goldlack und die wenigen Tulpen in den Beeten. Er vermißte neben den duftigen Gelbveigelein seine Lieblingsblume, nach welcher ihn schon oft sehnlichst verlangt hatte, die große, trauerfarbige Sammtviole, welche die Gärtner „Doctor Faust" nennen. So klein die Ausgabe für ein solches Beet, hatte er sie bei seinen Verhältnissen doch gescheut. Nun sah er mit wehmüthigem Ernst auf den kleinen Gartenraum.

„Wäre das Plätzchen mein Eigenthum, es genügte zu friedlicher Verborgenheit und Vergessenheit, um im Pflanzen und Hegen dieses ahnungslosen Lebens Freude zu finden. Aber indem ich heute den Keim lege, muß ich an den Abschied denken, den ich von den sprossenden Stämmchen zu nehmen habe, sobald es dem Herrn des Hauses gefällt. Ueberall dasselbe Loos."

„Herr Doctor Herbert!" rief jetzt eine weibliche Stimme aus dem abgetrennten Hofraume in das Gärtchen herein.

Das Dienstmädchen einer andern in demselben Hause wohnenden Familie stand vor der Gartenthüre mit einem Pakete und Briefe in der Hand. Sie erklärte, daß beide von einem Livréebedienten gebracht worden seien, der nicht in die untere Wohnung gekonnt hatte. Auch habe ein schwarzgekleideter, fremder Herr vergeblich die Glocke gezogen, und sei deshalb wieder seines Wegs gegangen.

„Ohne sich zu nennen?" fragte der Mann im Garten freundlich, indem er Paket und Brief hinnahm.

Als das Mädchen verlegen den Kopf schüttelte, fügte er noch die Frage hinzu:

„Hinterließ er keine Karte?"

„Ja," kam zögernd über die Lippen der Erröthenden. „Aber — wo habe ich sie nur hingebracht?"

„Also verloren!"

„O nein! Wo steckt sie nur?"

„Beruhigen Sie sich darüber," tröstete er, obgleich ärgerlich, das verwirrte Dienstmädchen. „Beschreiben Sie mir die Person und ich errathe den Besuch. Wie sah der Fremde aus?"

„Ein recht sauberer, junger Herr!" erwiderte sie jetzt mit einfältigem Lachen, mit welchem sie von ihrer Befangenheit loskommen wollte.

Diese Personalbeschreibung däuchte dem Fragenden doch zu allgemein, da es viele junge Herren geben mochte, die dem Gänschen gefielen. Um genügende Anhaltspunkte zu bekommen, forschte er weiter, konnte aber keine weitere Auskunft erlangen, als daß der Herr schöne, dunkle Haare, schöne Augen, einen schönen, braunen Schnurrbart gehabt habe, daß überhaupt Alles an ihm schön gewesen sei. Was die Größe anbelangte, sei er mindestens zwei Köpfe größer gewesen, als der Herr Doctor selbst.

„Also ein Riese!" dachte er, indem er dankend das einfältige Ding entließ.

Unter seinen Bekannten befand sich übrigens

kein Riese, und wenn auch einer derselben wie Saul um eines Hauptes Länge alles Volk überragte, so reichte diese Höhe doch nicht an die der dienstmägdlichen Schilderung. Jener lange Rheinländer kam ihm zu Sinne, der, in harmloser Schaulust im Parket eines Pariser Theaters sitzend, von den Franzosen hinter ihm stets stürmischer aufgefordert wurde: „Asseyez-vous, Monsieur! Asseyez-vous!" bis sich der Germane zu erheben begann zur vollen Höhe, — ein argumentum ad hominem von so drastischer Wirkung, daß man das Schauspiel vergaß und heiteres Erstaunen durch „nicht endenwollenden Applaus" kundgab.

Wenn der Besuch nun dieser riesige Sohn des Vaters Rhein nicht war, wer mochte der Gigante dann wohl sein?

Jedoch erhielten seine Gedanken rasch eine andere Richtung, als sich seine Aufmerksamkeit nur einmal dem Briefe und Pakete zuwendete, die er dem Dienstmädchen abgenommen hatte. Der Ausdruck seiner Miene veränderte sich dabei merklich. Erstaunen und Verwunderung, bittere Erregung gab sich in den Zügen kund und die Frage: „Was soll das?" lag in seinen Augen und auf seinen Lippen.

Die Adresse des Pakets zeigte seine eigenen Schriftzüge:

„Sr. Hochwohlgeboren Herrn Baron v. Buchberg dahier, königlicher Kämmerer ꝛc."

Die Siegel waren unverletzt, die Sendung kam uneröffnet zurück mit einem beiliegenden Billet von fremder Hand an seine eigne Adresse:

„Sr. Wohlgeboren Herrn Dr. Ernst Herbert dahier."

Der Mann im Garten verfärbte sich und blickte mit einer Miene, in der sich Erstaunen und Unmuth erstaunend ausdrückten, bald auf das Paket, bald auf das versiegelte Schreiben. Endlich erbrach er Letzteres, indem er das Wappensiegel herunterriß. Dann öffnete er das kleine inliegende Blatt Papier und überflog den schlecht geschriebenen Inhalt mit starrem Blicke. An der Hauptstelle blieb sein Auge länger haften. Sie lautete:

„Ihnen für Ihr gefälliges Andenken bestens „dankend, bedauere ich, Ihre gewiß interessante litte„rarische Production nicht benützen zu können, wäh„rend mich vielseitige ernste Angelegenheiten zur Zeit „beschäftigen."

Längere Zeit verharrte Herbert in dumpfem

Schweigen. Halb unbewußt knüllte er den Papierwisch zusammen und warf ihn auf den kleinen Composthaufen in einer Ecke des Gärtchens. Dann preßten seine zusammengepreßten Lippen leise, fast zischend die Worte hervor:

„Ich glaube gar, der — Kerl nahm es für eine Bettelei!"

Noch eine Weile sah er schweigend vor sich hin durch die Zweige der Laube, in die er sich zurückgezogen hatte. Die golden hereinfallenden Sonnenstreifen, die nickenden Fliedersträuße spiegelten sich ungesehen auf der Netzhaut seiner Augen, welche ziellos hinausfunkelten. Sichtbar pulsten die Adern an seiner Schläfe, er athmete keuchend, wie mit großer Anstrengung: unverkennbare Merkmale großer innerer Erregung. Es tobte in ihm. Das Gefühl verachtungsvoller Entrüstung ward nicht wenig verbittert durch eine demüthigende Empfindung, durch eine beschämende Unzufriedenheit mit sich selbst.

War denn diese Erfahrung noch nöthig gewesen zur Bereicherung seiner Menschenkenntniß, zur Verstärkung seiner Menschenverachtung? Bedurfte er denn immer neuer Enttäuschungen zur Kräftigung seiner Weltklugheit gegen den Rest vom schönen Glauben

an die Menschen? Und — hatte man ihn nicht schon
früher gewarnt, dem baronisirten Spekulanten einen
Act scheinbar uneigennütziger Opferwilligkeit nicht zu
hoch anzurechnen?

Immerhin war dieser reiche Baron Buchberg
unter all den hervorragenden und vielvermögenden
Männern des Landes, welche sich zu einem politischen
Zwecke vereinigt hatten, fast der einzige gewesen, der
werkthätigen Willen gezeigt, während Herbert dabei
die schwere Last journalistischer Propaganda übernommen hatte, bis er nach Jahren aufreibendster
Arbeit die Vergeblichkeit derselben einsehen mußte.
Wie Herbert alle Last auf sich genommen, trug er
dann auch den Schaden. Auf sich allein angewiesen,
hatte er sich von da an in Einsamkeit und Zurückgezogenheit durch trübe, schwere Tage und Nächte
mühsam aufzuarbeiten, um mitten im feindseligen
Coterietreiben für sich wieder jenes literarische Terrain zurück zu erobern, das er im Wahne erspriefs-
licherer politischer Thätigkeit einst aufgegeben hatte.
Das erste Werk nach langer Unterbrechung lag endlich wieder vor ihm; eine momentane Eingebung ver-
leitete ihn durch Uebersendung desselben an Baron
Buchberg dem Manne zu bedeuten, daß dessen Lei-

stung für die gemeinsame Sache von dem Verfasser nicht vergessen sei. Herbert hatte keine Ahnung, daß seine Motive einer Mißdeutung ausgesetzt sein könnten. Und nun diese unerwartete Aufnahme seiner wohlgemeinten Erinnerung!

Seine stolze Zurückgezogenheit in der unverschuldeten Noth hatte ihn also nicht vor solchem Mißverständniß geschützt, — er hatte umsonst gelitten! Der spekulirende Baron, der einst dem Redacteur so freundschaftlich zu schmeicheln gewußt, wies die bescheidene Aufmerksamkeit des zurückgezogenen Schriftstellers in einer kaum mehr zweideutigen Weise ab.

Tiefe Entrüstung war es, nicht eigentlich Zorn, was Herberts Seele bewegte. Und wenn er erzürnt war, so zürnte er seiner eignen Empfindungs- und Handlungsweise, die ihm als Thorheit erscheinen mußte.

„Warum bin ich denn noch immer Narr genug," sagte er mit bitterm Lächeln zu sich selbst, „an irgend welche reine unverfälschte Empfindung in diesen Menschen zu glauben! Es geschah mir Recht! Wie konnte ich erwarten, daß nicht jeder Schritt in ihrer gemeinen Art gedeutet werde. Und dennoch — was hab' ich je gethan, was sie zu solchen Deutungen auch nur entfernt veranlassen konnte!"

Und nun versenkte er sich in peinigend lebhafte Erinnerungen jener qualvollen Tage vergeblicher Arbeit, wo er in ständiger Aufregung für einen kraftlosen Staat und für eine träge, undankbare Parthei sich aufzehrend, zum Schrecken der Seinigen nach Tag und Nacht fortdauernder Arbeit oft förmlich zusammenbrach und endlich erschöpft und mittellos sich zurückzog, um über den öffentlichen Angelegenheiten nicht länger seiner Familie zu vergessen. Er dachte der bittern Zeit, die dann folgte, an Noth und Drang sorgenvoller Arbeitshast für das so lange hintangesetzte Wohl seiner Familie, — und dachte an den damals erfolgten Tod seines Lieblings. Wie sehnsuchtsvoll hatte der liebe Knabe, die Sorgen des Vaters ahnend, nach heiteren Mienen desselben verlangt, — und vergeblich sehnend war er gestorben.

Herberts Erregung steigerte sich dabei zum bittersten Schmerze. Die kleine Herrlichkeit seines Gärtchens war vergessen, dasselbe zu seinem Gethsemane geworden, — das Gärtchen, wo vor einigen Monaten noch sein todtes Kind gewandelt. Menschenhaß und Menschenverachtung vergällten ihm die liebvolle Erinnerung.

Er konnte sich eben nicht enthalten, sein Kind

als Opfer derselben Verhältnisse anzusehen, unter denen er litt, die jedes frischere Element im trägen Leben des Staates erstickend seine Lage schufen, — derselben Verhältnisse, welche die Unerquicklichkeit des gesellschaftlichen Treibens und jene vulgäre Sinnesart gebaren, die es als Thorheit verlacht, Opfer zu bringen statt „zuzugreifen" und ihm noch als Schuld anrechnete, daß er nicht mit der gemeinen Lebensklugheit seine Stellung für sich auszubeuten verstanden. Seitdem gereichte ihm das sichtliche Verkommen dieses Staates beinahe zur Befriedigung, als ob das Schicksal selbst seine Rache an demselben übernommen hätte, — so tief fraß sich die Verbitterung bei ihm ein. Der sogenannten Gesellschaft aber hatte er gerade zur Zeit seines herbsten Verlustes in die Larve zu schauen Gelegenheit gehabt. Das Grab seines Lieblings lag als breiter Abgrund zwischen ihm und derselben, und er wollte diese Kluft nie wieder überspringen.

Seit Jahren war es ihm leicht gewesen, die Gesellschaft, deren innern Unwerth er längst erkannt, zu entbehren. Nun war ihre Vermeidung zur Nothwendigkeit geworden. Denn wie sie sich als theilnahmlose Zuschauerin seines Unglücks gezeigt, war sie ihm von je doch nur eine Störerin seines innern

Friedens gewesen, dessen er zum Wohl der Seinigen jetzt mehr bedurfte als je. Sein Entschluß hatte ihm darum keine Ueberwindung gekostet, noch schuf er eine Entsagung von Belang. Nicht im Mindesten war seine Empfindlichkeit berührt, daß die Gesellschaft sein Ausscheiden mit Gleichgültigkeit übersah. Sie war ihm nichts mehr, er wollte ihr nichts mehr sein. Frei von ihren nichtigen und doch beengenden Verpflichtungen, frei von Erwartungen fremden Wohlwollens, trug er die Nachtheile seiner Abgeschlossenheit leicht im Genusse des Lebens in und für seine Familie und im Bewußtsein der schweren aber dankbaren Aufgabe: durch seines Geistes selbsteigene Kraft sich aus der Lage zu helfen, in welche er durch die Selbstsucht und Undankbarkeit seiner Partheigenossen gerathen war.

Freilich war im trauten Familienverkehr, im innigen Anschluß und Aufschauen seiner ihm gebliebenen Kinder noch manche Seelenwunde zu heilen, die ihm die Welt geschlagen. Zu klar, zu augenscheinlich war ihm, daß jene, welche ohne Antrieb zur entgeltenden Theilnahme seine Hingebung für die politischen Interessen hingenommen hatten, mit derselben Gemüthsruhe ihn mit all den Seinigen zu Grunde gehen

sehen würde. Daß der übrigen Welt sein Schicksal
völlig gleichgültig sei, war erkennbar. Glück genug,
wenn es nicht Viele gab, die seine Lage als wohl-
verdiente betrachteten. In einer politisch bewegten
Zeit der Partheikämpfe fehlte es nicht an solchen
Gönnern einer öffentlichen Wirksamkeit gegenüber,
die weder nach oben geheuchelt, noch nach unten ge-
schmeichelt. Im Uebrigen hätten sich selbst sogenannte Freunde nicht weiter um Lage und Verhältnisse gekümmert, obgleich sie ihnen vertraut genug
sein mußte, um sich nicht mit dem bekannten Trost
abfinden zu dürfen: wenn wir es gewußt hätten! Auf
die Sinnesart derjenigen aber, welchen Herbert noch
ein besseres Andenken wahren zu müssen glaubte,
warf nun die Handlungsweise des Baron Buchberg
ein aufklärendes Licht.

Bei aller Resignation fand sich somit für Herbert Stoff genug für düstere Versenkungen und Erinnerungen in seiner selbstgewählten Abgeschiedenheit.
Zum großen Theil stammte der Stoff noch aus der
Zeit vor seiner politischen Thätigkeit, da er bei den
eigenthümlichen Zuständen des Landes erst durch Entmuthigung in seiner rein belletristischen Laufbahn auf
das journalistische Feld gerathen war. Gar oft wur-

ben solche Erinnerungen zu qualvoller Lebhaftigkeit erweckt durch ein Wort, einen Namen oder eine entfernte Beziehung zu Verhältnissen, deren er nie ohne starke Erregung gedenken konnte. Denn trübe, schwere Tage lagen unmittelbar hinter ihm, und die vor ihm lagen, waren noch dunkel und voll schwarzer Schatten.

Aber durch sorgenbange Finsterniß, durch die Nacht der Gegenwart und Zukunft leuchtete ihm ein Licht: der Glaube an sich, die Ueberzeugung seines reinen Wollens und Strebens, das Vertrauen in die eigne Kraft.

Wenn ihn nun auch Geringfügiges in unnütze, selbstquälerische Nachempfindungen des Vergangenen stürzen konnte, so hatte doch ein wirklicher Schlag, ein wesentliches Uebel stets die entgegengesetzte Wirkung. Je mehr ein Fehlschlagen sicherer Erwartungen gegen jenen Glauben an sich selbst, gegen jenes Vertrauen in die eigne Kraft gerichtet schien, — je wirksamer seinen Muth niederzuschlagen der Fall geeignet war: um so ruhiger und fester erhob sich jedesmal seine Seele zu jener Zuversicht, welche unerschütterliche Kraft und Ausdauer zum endlichen Gelingen führt. Jetzt, wo er allein stand im Kampfe für die Seinigen und jede Hoffnung auf fremde

Hülfe aufgegeben, konnte ihn nichts mehr wankend machen. Wie gegen das Urtheil der Welt, war er auch gegen jede Anfechtung seines Muths gefeht. Dabei mochte der Seelenstärke immerhin jener Trotz zur Seite stehen, der dann in dem Ausspruche, mit welchem er sich zum eisernen Entschluß aufzurichten pflegte, durchklang:

„Sie sollen meinen Untergang nicht erleben!"

Auch an jenem Nachmittage hatte er sich endlich zu ähnlicher Stimmung aufgerafft. Wie klein erschien ihm nun wieder die Ursache seiner Gekränktheit, und nur noch mit verächtlichem Lächeln gedachte er des Barons Buchberg und seiner Gesinnungsverwandten. Mächtig fühlte er sich wieder zur Arbeit angeregt und getrieben. Der Wägen, welche vor dem gegenüberliegenden Atelier hielten, achtete er nicht, als er im Begriffe stand in sein Arbeitszimmer zurückzukehren. Eine ältere Dame und ein noch sehr junges, schönes Mädchen mit prächtiger, gelber Lockenfülle stiegen von einem derselben und betraten das Atelier, während Herbert vor der Gartenthür auf ein schüchtern vorüberschleichendes Frauenzimmer stieß, in welcher er eine Näherin zu erkennen glaubte, die öfter im Hause für seine Frau arbeitete.

Es schien heute sein Loos zu sein, mit Leuten der dienenden Klasse zu verkehren. Die bescheidene Miene der schon ältlichen Person trug noch den Abglanz eines verblühten Lenzes, Spuren früherer Schönheit. Herbert glaubte sich erinnern zu können, durch seine Frau einmal etwas über die Lebensschicksale der armen Thekla vernommen zu haben, eine auf dem Boden der großen Stadt spielende alte Geschichte, die bei den sozialen Verhältnissen derselben immer neu bleibt und ihm im Gedächtniß haftete, weil einer seiner früheren Bekannten und Partheigenossen, ein reicher und „ehrenwerther" Mann, die bedeutendste Rolle in derselben spielte. Das arme Mädchen hatte dabei sich in einer Weise benommen, welche sehr beschämend für jenen ehrenwerthen Mann gewesen wäre, wenn er sich überhaupt hätte schämen wollen. Herbert hatte, seit er diese Geschichte, wenn auch nur oberflächlich kannte, sich einer gewissen mitleidsvollen Theilnahme für die arme Thekla nicht entschlagen können. Doch hatte sein steter Ernst der Näherin im Hause von je eine gewisse Scheu, ja Furcht eingeflößt. Als sie sich nun zum ersten Male in ihrem Leben von ihm angeredet hörte, stand sie erröthend und mit der Antwort zögernd da, so freundlich er auch fragte, ob sie zu seiner Frau wolle. Endlich bejahte sie es schüchtern und fügte hinzu, daß sie etwas für die Kinder habe.

„Wollen Sie mir's zur Besorgung anvertrauen?" fragte er wieder.

Aber sie schien eine Belästigung des Herrn Doctors zu fürchten und versetzte, sie wolle später wiederkommen. Herbert wußte jedoch, daß sie kränklich war und sprach ihr freundlich zu, sich nicht noch einmal zu bemühen und die Gegenstände da zu lassen, da er fertige Kinderhembchen oder Kleidchen vermuthete und der armen Näherin den Lohn auszuzahlen gedachte, so wenig er sich sonst um solche hauswirthschaftliche Kleinigkeiten kümmerte. Wie erstaunte er aber, da die Näherin jetzt dem Korbe eine höchst zierliche Arbeit aus Pappe und Goldstreifen enthob, die er sogleich als eine Miniaturbühne erkannte, wie sie sich sein verstorbener Oskar immer gewünscht.

„Ah, ein Theater!" rief er überrascht und sah bewundernd und voll wehmüthiger Freude an dem kleinen Werke auf den goldverbrämten Vorhang, die Coulissen und Figuren, indem er die Schönheit und Feinheit der Arbeit lobte. Das war für die arme Näherin ein so hoher Triumph, daß er ihr ein unwillkürliches Geständniß entlockte, das, sobald es nur heraus war, auch ihre Wange schamhaft färbte.

„Der Wendel hat's in seinen Freistunden gemacht!" sagte sie mit feuchtenden Augen.

Der Wendel. Wer war dieser Wendel? Herbert fragte nicht; es ließ sich unschwer errathen, in welcher Beziehung dieser geschickte Wendel zu der armen Thekla stand. Herbert vermuthete alsbald in diesem auch den Leser aller jener Bücher, die sich Thekla öfter von seiner Frau aus seiner Bibliothek erbeten. Sie hatte solche wieder mitgebracht. Da er jedoch die arme Person nicht ohne Bezahlung gehen lassen wollte, fragte er nach dem Preise des prächtigen kleinen Theaters. Fast betreten hörte es Thekla; was würde der Wendel sagen, daß man sein Werk nicht als Geschenk für die Kinder des Hauses annehmen wolle, wo sie selbst so viel Gutes erfahren, wo man sie verpflegt habe und behandeln ließ, da sie krank geworden.

Herbert war erstaunt über so viel unvermuthetes Zartgefühl, das er nicht weiter verletzen durfte. Er gedachte es seiner Frau zu überlassen, den Dank in passender Weise abzustatten. So nahm er der Näherin nur noch die Bücher ab, um ihr andere herauszuholen, die er der glücklichen Näherin auch bald übergab, worauf sie mit schüchternem Abschiedsgruße ihrer Wege ging.

So stand er wieder allein in dem engen Gärtchen vor dem Tische, auf welchem das zierliche Lilliputtheater glänzte. Durch das junge Laub sah der blaue Himmel herab, die blühenden Fliederbüsche in Blau und Lila beugten sich bewegungslos herunter, — im Nachbargarten starrte die sonst beim leisesten Luftzuge sausende Tannengruppe ohne Laut und Regung in die goldburchglühte Abendluft. Nicht ohne wehmüthige Anwandlung sah Herbert nach der kleinen Bühne. Abgesehen von dem Wunsche seines todten Kindes, rührte ihn die Dankbarkeit, welche sie dargebracht. Wie oft hatte er auch bei eigner Noth noch sich Andern hülfreich gezeigt und war froh gewesen, von denselben Menschen nicht später wie von wüthenden Kläffern angefallen zu werden.

„Seltsam! Seltsam!" sprach er dabei für sich, mit einem Blick auf das zurückgesandte Paket und das dargebrachte Geschenk für seine Kinder. „Wie haben mir die Reichen, die Mächtigen, dieser Staat gelohnt, dem ich alle Kräfte bis zur Erschöpfung gewidmet! Wäre es denn wahr, daß hierorts nur noch die Leute mit den schwieligen Händen sich offenen

Sinn und reine Empfindung gewahrt haben, während
die sogenannte Gesellschaft in widerlicher Selbstsucht
und Apathie dahin lebt!"

Gleich einem Vorwurf empfand er es, wie gleich=
gültig ihm seither die Interessen des arbeitenden
Standes geblieben, und sein Schicksal erschien ihm
fast eine Sühne für diese Unterlassungssünde.

Jubelnde Kinderstimmen unterbrachen seinen Ge=
dankengang, die Stimmen seiner eignen hereinstür=
menden Kinder, die heimkehrend schon von der Straße
aus das kleine Theater bemerkt hatten. Auch die
Mutter kam nach, während das Kleinste auf der Wär=
terin Arm die dicken Aermchen verlangend über die
Gartenplanken herein steckte.

Eben hatten die beiden Damen, welche das Atelier
besucht, außen auf der Straße wieder ihren Wagen
bestiegen. Nur flüchtig fiel jetzt Herberts Blick auf
die Fremden, wobei ihm die jugendliche Anmuth und
Schönheit der jüngeren Dame auffiel. Diese hatte
sich schon zurecht gesetzt und sah nun mit Interesse
auf die Familienscene im Garten. Die tiefblauen
Augen strahlten in hohem Wohlgefallen, ihre ganze
Miene lachte, wobei ihr Mund lieblich geöffnet stand,
bis die feinen Lippen in Bewegung geriethen, als sich

das schöne Mädchen zu ihrer älteren Begleiterin wandte und dieselbe mit lautem Zuruf auf die jauchzenden Kinder aufmerksam machte.

Bereits hatte jedoch der Kutscher die Pferde angetrieben. Nochmals wandte sich das Mädchen herüber. Dann verschwanden ihre goldgelben Flechten hinter dem Rande der nächsten Laubkronen.

Nun beeilte sich die hereinkommende Wärterin, ihrer Frau mitzutheilen, daß das fremde Mädchen von den hübschen jubelnden Kindern im Gärtchen und von dem Glücke gesprochen habe, in so großer schöner Stadt ein fast ländliches Stillleben führen zu können.

„Hast Du das schöne Mädchen bemerkt, Ernst?" wandte sich jetzt die Mutter der Kinder zu deren Vater. „Sieh', wir werden noch beneidet."

Mit einem Blicke auf die vor dem kleinen Theater stehenden Kinder sagte Herbert zu seiner Frau:

„Sind wir denn nicht zu beneiden, Bertha?"

Nun wurde der Abend glücklich im Familienkreise unter den Syringen verlebt. Erst die Dunkelheit scheuchte die Familie in die Betten, und den Vater hinein zur Arbeitslampe, welche nun lange fortbrannte an dem schönen Abende.

Und wieder war es späte Nacht und früher

Morgen geworden. Die letzten Tritte vereinzelter Nachtschwärmer waren draußen auf dem Trottoir verhallt. Der Lampenmann hatte schon das Gaslicht des eisernen Candelabers gelöscht. Alle Fenster der Straßenreihen sahen dunkel in die Finsterniß und nachmitternächtige Stille. Da leuchteten nur noch die Sterne in das enge Gärtchen, und aus dem Fenster fiel ein röthlicher Schimmer auf die schwankenden Zweige.

Auch im Zimmer herrschte Stille. Man hörte nur das leise Geräusch der Stahlfeder, welche über das Papier glitt. An einem der Schreibtische in der Tiefe des Gemachs saß der Bewohner desselben in gedeihlicher Arbeit. Nichts störte den ruhigen Fluß seiner Gedanken, der ungehemmt auf der weißen Blattfläche durch die Federspitze seinen sichtbaren Lauf nahm. Die späte Stunde der Nacht, die kleine Welt im Zimmer und die große draußen waren vergessen und versunken hinter der geistigen, die allein noch thätig und lebendig war in gestaltungsvollem Treiben.

Es ging rasch von statten. Nicht die Feder, nicht die Tinte, nicht das Papier versagte den Dienst der schöpferisch wirkenden Kraft, — kein Satz hinkte, kein beschriebenes Blatt mußte wegen störender Correcturen im Eifer des Schaffens weggeworfen und durch ein anderes ersetzt werden. Und ein schwieriges Capitel, das dem Verfasser gar manche Befürchtung erweckt hatte, war in der geweihten Stille der Nacht vollständig und glatt der Feder entquollen.

Diese Freude des Schaffens, welche für so viele weniger glückliche Stunden entschädigte, ward unbewußt wie jedes höchste Glück genossen. Gestalten gleichsam aus dem Nichts zu bilden, an welche die Menschen glauben, mit denen sie fühlen, empfinden, denken, ist die Lust der Götter und der gottbegnadeten Sterblichen. Diese allen andern unbekannte Schöpferlust ist wohl werth, um ihretwillen auch zu leiden und die Genüsse der Welt zu entbehren.

Alle Verbitterung war jetzt aus Herberts Seele gewichen und den Menschen Alles verziehen, denn er dachte nicht an sie. Vergessen waren alle die schweren nächtlichen Stunden, die er hier in Herzensangst, Gram und Sorgen verbracht, den Kopf auf den Schreibtisch gestützt, während die Welt schlief und Niemand von dem gequälten Vaterherzen träumte, Niemand den einsamen Mann sah, auf dessen harmvolle Miene der Lampenschein fiel, während seine beklommene Seele die Frage des Propheten empor schickte: „Hüter ist die Nacht schier hin?"

Da war es manchmal über ihn gekommen, daß er verzweifelnd die Fauſt erhob, oder die brennenden Schläfe in den Händen preßte, wenn die ängſtliche Haſt ſeine Arbeit nicht förderte, ſondern ſtörte und verwirrte. Heute aber gedieh ſie, ihre beruhigende Kraft war über ihn gekommen. Das letzte Wort war geſchrieben. Er legte die Feder weg. Von dem Thurme der nächſten Kirche ſchlug es zwei Uhr, als er ein friſches Blatt vornahm, um ein neues Capitel zu beginnen.

Durch den tiefen zweimaligen Glockenſchlag, der noch die Nacht durchbröhnte und die Luft durchbebte, waren jedoch ſeine Sinne wieder der Außenwelt geöffnet.

Er horchte.

Draußen ging durch die Luft ein tiefes, dumpfes, gleichmäßiges Rauſchen und Toſen.

Das Wetter mochte ſich geändert, der Morgenwind erhoben haben und durch das blühende Laubwerk vor dem Fenſter ſauſen. Vielleicht auch rauſchte unverhofft ein nächtlicher Maienregen nieder, oder der Föhn brauſte durch die Nacht.

So hatte er ja in dieſen Frühlingsnächten oft genug den Lauten der Natur gelauſcht, denen nach

dem Lärm des Tages die späten Stunden der Nacht
überlassen blieben, sich auszutoben, wenn ihre geister-
hafte Sinfonie mit dumpfem Geheul begonnen, an-
steigend bis zum pfeifenden Gewimmer und wieder
abfallend zum tiefsten hohlen Tone spielte; oder wenn
es in stoßweisem Tosen durch die Bäume gesaust war,
daß sich deren Kronen krampfhaft schüttelten, während
die hohe Fichtengruppe im nächsten Garten gleich
mächtigem Wassersturz rauschte, dazu die Läden klap-
perten, die Thüren dröhnten und unheimliches Stöh-
nen im Kamine laut ward.

Aber alle diese Stimmen einer Sturmnacht blieben heute aus. Das Getöse draußen war vielmehr
ein stetes gleichförmiges, ein fortwährendes ununter-
brochenes Brausen, das seltsam und geheimnißvoll
durch die sonstige Stille der Nacht klang.

Herbert war so sehr davon berührt, daß er nicht
mehr weiter schreiben konnte. Nun trat er an das
nur halb zugelehnte Fenster und öffnete es, um hin-
auszuhorchen. Herrlicher Wohlgeruch hauchte ihm entgegen aus dem unbewegten blühenden Gebüsche draußen. Kein Blatt im Flieberstrauche rührte sich. Klar
und mit goldenem Glanze, wie selten, stand das be-
stirnte Firmament oben. Kein Lüftchen athmete in

der herrlichen Maiennacht. Ueber die verödete Stadt her jedoch ging laut und mächtig das geheimnißvolle Tosen, als rollten fern im Osten tausend Kriegswägen über eine steinichte Wahlstadt, als brause ein Orcan durch weltferne Wälder, als nahe die acherusische Fluth, oder als rausche das Meer der Ewigkeit vernehmbar über den Erdrand.

Es war ein eintöniges, aber gewaltiges Lied, das da die Natur in der stillen Nacht sang, während der Lärm der Menschen schlief, — ein mächtiger Ruf, den sie an das Gemüth des einsam Wachenden ertönen ließ. Und dieser wußte ihn zu deuten.

Dieses Sausen und Brausen in der Luft, das jetzt klang, als rühre es von der Reibung des Erdenlaufs im Aether her, so weltfern und feierlich in der Nacht, — dieses geheimnißvolle Getöse war der Verkünder schöner Lenztage: Der Wellensang des an der Morgenseite der Stadt vorüberfließenden Alpenstromes, vom Ostwinde durch die ruhige Luft über die schlafende Stadt her getragen und auf stundenweite Entfernung von dem lauschenden Ohre noch ebenso deutlich, ja lauter vernommen, als an den Ufern des rauschenden Flusses selbst.

Wundersam schlug das ferne Getöse an Herbert's

Sinne. Dazwischen klang in der nächtlichen Stille von ferne ein in der langen Straße allmälig sich nähernder Tritt. Aber noch ward er von dem ferntönenden Rauschen und Brausen des Stroms übertäubt. So unheimlich für Andere auch die Erscheinung dieser nächtlichen Laute an und für sich sein konnte: seinem Herzen klangen sie freundlich, wie die Stimme einer treuen Mutter. Eine tiefe Sehnsucht nach der ewig schönen Natur, nach den lebendigen Bergwässern, nach den grünen Gestaden der blauen Seen regte sich in ihm, indeß der fernher hallende Schritt des Einsamen draußen langsam näher kam und in der nächtlichen Stille sich vernehmbarer mit dem eintönigen Rauschen mischte.

Herbert hatte die Feder auf das Pult gelegt und war in das anstoßende dunkle Zimmer getreten, da dessen Fenster einen freieren Blick nach der Pracht des Firmaments zuließ und dem fernen Brausen, welches über die Altstadt hertönte, ungehemmten Zugang zu dem Gehör des Lauschenden gewährte. So horchte er hinaus in die stille Nacht, im ungestörten Verkehr seines Geistes mit den Stimmen der Luft, welche ihm Geschichten von der ewig quellenden Schönheit zuflüsterten, von der Schönheit, die nicht der Menschen=

Hand, dem Menschengeiste entquollen, — von dem grünen Hochlande und seinen blauen Seen und von allen Reizen der Alpennatur.

Wie lange war er nicht mehr hinausgekommen, wo Gottes Tafel gedeckt ist für den, der Göttliches zu genießen weiß. Die tiefe Sehnsucht nach dem lauschigen Leben der Natur trieb ihn fast zu dieser Stunde hinaus, um an dem fernher rauschenden Strome in der Maiennacht zu wandern. Nur die Erwägung, daß er zu der Lösung seiner Aufgabe auf Erden auch der Ruhe bedürfe, hielt ihn zurück.

Draußen klang der Männerschritt auf dem Trottoir jetzt laut, hohl und metallisch in der veröbeten Straße, indem er dumpfen Wiederhall an den Häusern weckte. Es war ein Einsamer, der da wandelte, wie jener Andere, der auf die Stimmen der Nacht horchte.

Kein Lichtstrahl, außer dem zu fernen der Sterne des Firmaments erhellte die Dunkelheit der Straße. Herbert sah nur die Contouren einer Gestalt vor den Planken auf dem Trottoir. Da ging ein Mann, langsam, mit schwerem Tritt. Verwundert bemerkte nun Herbert, daß der nächtliche Spaziergänger seinen Gang plötzlich hemmte, was mehr durch das Verstummen der klirrenden Laute seines Tritts kund ward, als durch das Stehenbleiben der kaum bemerkbaren Gestalt. Nur so viel sah er, daß dieselbe über das Gärtchen her nach den Fenstern des Hauses zu schauen schien.

Herbert, der im Dunkel stehend, nicht gesehen werden konnte, verhielt sich ruhig, um das Thun und Verhalten des Mannes draußen beobachten zu können. Eine feindselige Absicht schien nicht vorzuliegen, denn die dunkle Gestalt rührte sich einige Sekunden lang gar nicht. Plötzlich aber ward ein Geräusch merkbar. Wenige Schritte von Herbert's Standpunkt fiel etwas schwer in den mittleren Gartenweg; es mußte hereingeworfen worden sein.

„Was ist das?" rief jetzt Herbert hinaus, als er sah, daß sich die dunkle Gestalt an den Planken emporhielt und den Körper möglichst über dieselben beugte.

Es erfolgte keine Antwort.

„Wer da?" rief Herbert entschiedener.

„So zu sagen Gutfreund, Herr Doctor!" antwortete jetzt eine kräftige Baßstimme. „Gute Nacht. Schlafen Sie wohl!"

Und damit entfernte sich die Gestalt draußen mit langsamem, erst nach und nach in der Ferne verhallendem Schritte. Die vorige Stille, nur von dem fernen Wasserrauschen durchtönt, lag wieder über der Nacht. Von dem Gartenwege her aber schimmerte etwas, wie ein großes, weißes, in einen Pack zusammengelegtes Tuch, welches die Neugierde Herbert's so sehr weckte, daß er nach den Hausschlüsseln suchte und in das Gärtchen hinaus ging, nachdem er sich ein Wachsstümpfchen und Zündhölzchen zugesteckt hatte.

In der That war es ein grobes leinenes Tuch, dessen Inhalt aus weichen Pflanzen bestand. Rasch zündete er sein Wachskerzchen an und entdeckte nun, da er das Tuch aufknüpfte, mehrere Dutzend Stöcke der schönsten Sammtveilchen, die in großen dunkeln Farben prachtvoll blühten. Dabei lag ein einfach zusammengelegter Zettel, auf welchem nichts stand, als die mit großer steifer Schrift geschriebenen Worte:

„Dem Doctor Herbert von einem ehrlichen Manne und guten Freunde! Mög' es ihm Freude machen."

Herbert war sehr überrascht. Es war ihm nicht möglich, zu errathen, wer dieser gute Freund, der ihm auf so zarte Art einen Wunsch nach seinen Lieblingsblumen erfüllte, sein mochte. Er legte dann die Pflanzen an einen geschützten Ort, um sie andern Tags in die Beete zu setzen, und ging wieder in's Zimmer.

Und nachdem er noch lange am offnen Fenster gestanden und in die Maiennacht hinaus und emporgeschaut, bis die ersten Lichtstrahlen des beginnenden Tages den Glanz des Firmamentes erbleichen ließen, suchte er Ruhe, da ein neuer Tag anbrach. Wollte er doch im Verlaufe desselben an den Ufern des Stromes wandeln, dessen fernes Rauschen wunderbar durch die schwindende Nacht tönte.

Drittes Capitel.

Gefällt sich in unliebenswürdigen Aufschlüssen.

Die Vormittagssonne warf ihre hellsten Lichter über die Auen und durch die prächtigen Laubkronen des Parks, an dessen klaren Wässern Herbert hinunter schritt bis zu den großen Brücken, auf welchen er das andere Stromufer gewann. Von da ziehen sich herrliche Anlagen die Uferhöhe entlang zur Stadt zurück, deren Bild sich von hier eigenthümlich schön gestaltet. Die anmuthig verschlungenen Pfade, die sich am Uferrande bald heben, bald senken, bald im Buschwerk verschwinden und dann wieder in offene Halden führen, leiteten ihn, während er seinen Gedanken über den nächtlichen „guten Freund" nachhing, zu einem altanartigen Vorsprunge. Dort schließt sich um eine schattige Linde in weitem Kreise eine Ruhebank, auf der er schon zu jeder Jahres- und Tageszeit eines immer fesselnden Anblicks genossen, der sich besonders an Spätherbstabenden steigerte, wenn die Stadt, in der

Glorie des Abends schwimmend, ihre Thürme in dasselbe Farbenmeer von unbeschreiblichem Glanze taucht, in welches die Alpenspitzen im Südwesten tiefblau aufragen.

Hier ließ sich Herbert auch heute nieder, da der sonnige Maientag verklärend über der Landschaft lag und die Heerschaaren der Vögel ringsum jubelten. Welche Landschaft! An dem Uferhange in allen Farben blühendes Gebüsch, — helle Birken, duftige Wehmuthskiefern, goldenbeschlenene Rasenhalden, — unten die tosende blaugrüne Fluth des reißenden Alpenstromes, auf welchem große Holzflöße von Hochländern gelenkt, abwärts glitten, — jenseits im hellen Lichte der Vormittagssonne die vielthürmige ausgebreitete Stadt, deren Lärm sich in das Rauschen des Stromes mischte, — stromaufwärts zu beiden Seiten riesige Neubauten, steinerne Brückenbögen, wilde Kiesbänke, grüne Inseln, über dem Laubwerk des Ufers der zierlich durchbrochene gothische Thurm einer Vorstadtkirche, — dahinter in duftiger Ferne der gewaltige Hochgebirgskamm als schönster und großartigster Abschluß eines lebenvollen Bildes von ergreifender Wirkung.

Wie immer war auch heute der Beschauer hingerissen. Die wenigen Spaziergänger, welche auf den

Pfaden auftauchten, um bei der nächsten Wendung hinter'm Strauchwerk wieder zu verschwinden, störten seine Versunkenheit nicht. Hatte er doch nicht einmal bemerkt, daß sich auf derselben Bank ein zweiter Bewunderer der Landschaft niedergelassen. Denn seine Blicke waren gefesselt von dem Bilde, das sich da stromaufwärts, von den Kuppeln der Stadt bis zu den Schneefirnen der Alpen farbenprächtig aufrollte.

Erst ein unwillkürlicher, halblauter Ausruf der Bewunderung, der gleichsam als Echo seiner eignen Empfindung an seiner Seite hörbar wurde, riß ihn aus dem Banne des Naturzaubers. Unwille über die Störung oder auch die Regung unbewußter Neugierde bei dem Klang dieser Stimme veranlaßte ihn, sich umzuwenden. So bemerkte er erst jetzt die Anwesenheit eines Herrn, der unbekümmert um seinen Nachbar auf der Bank saß. Dessen gerad' aus in die Landschaft gerichtetes Antlitz zeigte sich im Profil. Dasselbe mochte unserm Freunde auffallen, da seine Augen wiederholt hinüber streiften.

Der ausdrucksvolle, fein und edelgezeichnete Männerkopf hob sich scharf von dem Baumschlag des Hintergrunds ab und hatte für den Blick etwas Anziehendes, dem Herbert nicht widerstand. Die Formen desselben waren sehr vergeistigt, während ein eigenthümlicher Zug um den Mund und der Ausdruck der Augen auf starkes Selbstgefühl deuten konnte. Der Fremde hatte den weichen Filzhut neben sich auf die Bank gelegt, so daß das dunkelbraune Haar natürlich gelockt über die eine Seite der Stirne und fast bis zur Schläfe herabfiel. Das leicht gebräunte Antlitz war von einem wohlgepflegten Schnurrbarte beschattet, während jene künstlerische Eleganz, welche alle Steifheit der Mode zu vermeiden weiß, den schwarzen Anzug kennzeichnete.

Nochmals schweiften Herberts Augen nach dem Fremden hinüber.

„Dieses Gesicht sollte ich doch kennen," dachte er bei sich.

Dennoch schien er den Wunsch, darüber Gewißheit zu erlangen, nicht zu hegen. Herbert hatte nie besondere Sehnsucht nach Erweiterung seines Bekanntenkreises oder nach vielseitigem Umgange empfunden; und seine jetzige Abgeschlossenheit und Zurückgezogenheit hatte die Liebe zur Einsamkeit in ihm zur Sache der Gewohnheit gemacht, die keinen geselligen Trieb besonders aufkommen ließ, noch irgend welche Annäherung ermunterte.

So erhob er sich denn von seinem Sitze, um seines Weges zu gehen. Dadurch erst war die Aufmerksamkeit des Fremden erregt und dieser richtete sich rasch ebenfalls auf und betrachtete Herbert mit auffallend theilnahmsvollen und musternden Blicken. Ja, er näherte sich jetzt dem Weggehenden höflich, und als Herbert seine Blicke mit gleich musternden erwiderte, sprach der Fremde mit zurückgehaltener, achtungsvoller Herzlichkeit:

„Bitte um Entschuldigung, — wäre ich im Irrthum, wenn ich Herrn Dr. Ernst Herbert vor mir zu sehen glaube?"

Herbert richtete überrascht den Kopf auf und sagte, daß dies sein Name sei.

„Und erinnern Sie sich nicht mehr des Architekten Wildhoff?" fragte der Andere.

„Heinrich Wildhoff?" fragte nun Herbert mit blitzenden Augen zurück, indem er beide Hände ausstreckte, welche der Fremde mit Lebhaftigkeit in warmer Aufregung ergriff.

„Welche Freude!" rief dieser. „Welche Freude, Sie hier zu treffen, nachdem ich gestern vergebens bei Ihnen angeläutet."

Herbert hatte nun die Aufklärung über seinen

Besuch und maß die schlanke, hohe, wenn auch nicht der dienstmägdlichen Beschreibung ganz entsprechende Gestalt desselben mit wohlgefälligen Augen, während beide sich jetzt wieder der Bank zuwandten und auf derselben in vertraulicher Nähe niederließen. Ein Riese war der Zurückgekommene nicht, sondern nur um einige Zoll höher als sein untersetzter Freund. Flüchtig erzählte nun Wildhoff, daß er nach langjährigem Verweilen im Süden wieder in's Vaterland zurückgekehrt sei, und auch Herbert gab dann kurze, oberflächliche Kunde über seine eigenen Verhältnisse, daß er sich verheirathet habe und Familienvater sei.

„Ich langte gestern früh hier an," fing dann Wildhoff wieder an, „ohne jedoch meine Tante in der Stadt zu treffen. Ich wollte meine Verwandten überraschen, aber die Tante ist mit Iba auf einem Ausfluge begriffen. So galt mein erster Besuch Ihnen, lieber Freund, — Sie erlauben doch, daß ich Sie so nenne."

„Wäre ich auch an Freunden so reich, als ich es nicht bin," erwiderte Herbert mit herzlichem Ernst, „so bliebe mir Ihre Freundschaft noch immer eine besondere Genugthuung. Und nun, lieber Wildhoff, was trieb Sie aus Hesperien zurück?"

„Die Sehnsucht nach dem Vaterlande, der Wunsch ihm dienen zu können," erwiderte Wildhoff. „Ich habe das Glück gehabt, auf classischem Boden in den Jahren verweilen zu dürfen, wo man noch das Schöne in succum et sanguinem aufnimmt. Meine Lehrjahre in den großen Städten des Nordens waren kein übles Fundament für meinen Aufenthalt im Süden. Ich darf mir das Zeugniß geben, meine Studienzeit wohl angewandt zu haben, wobei ich mich auf mehrere gewonnene Preise bei Concurrenzplänen berufen kann. Nun will ich meine Erfahrungen im Vaterlande verwerthen und nutzbringend machen. Nach Allem, was ich in den neuen Stadttheilen hier von architektonischen Experimenten gesehen, scheint mir noch ein weites Feld dafür geblieben zu sein."

Herbert schaute dem jungen Architekten jetzt voll in's Gesicht.

„Unser neuer Baustyl scheint Ihren Beifall nicht zu haben."

„Nein, wahrlich nicht!" war die lachende Antwort.

„In der That, Sie bringen keinen sonderlichen Respect vor unserm neuen Styl mit."

„Flößt Ihnen derselbe Achtung ein?" fragte Wildhoff verwundert zurück.

„Das ist irrelevant, — ich bin Lale!" meinte Herbert. „Und wenn er mir nicht behagt, so sag' ich mir: es ist eben der neue Styl."

„Will man diesen barbarischen Mischmasch sich innerlich widerstrebender Motive wirklich als „neuen Styl" geltend machen?"

„Allerdings. Man hat ihn darum erfunden und schwelgt in diesem Bewußtsein."

„Erfunden? Erfindet man hierlands dergleichen?"

„Ja wohl!"

„Aber Herbert!" erwiderte Wildhoff mit unmuthigem Erstaunen. „Warum erfindet man nicht etwa auch eine neue Sprache?"

„Nur ruhig! Kann Alles noch kommen!" versetzte Herbert trocken. „Natürliche Entwicklung, Anknüpfen und Fortbauen am Bestehenden ist langweilig geworden in der Zeit des Dampfes. Der Homunculus der Gegenwart kann nicht zuwarten."

„Das ist anderwärts doch ein wenig anders," warf Wildhoff ein.

„Hier ist's, wie es ist — entweder der alte Schlendrian, oder unnatürliche, unfruchtbare Experi-

mente — invita Minerva! Sie werden in diesem
Geiste mitthun müssen."

„Nein, das werde ich eben nicht müssen!" sprach
Wildhoff mit nachdruckvoller Entschiedenheit.

„Was wollen Sie aber thun, wenn Sie sich
hier einen Wirkungskreis schaffen wollen?"

„Nichts, was meinen moralischen und künstlerischen Ueberzeugungen widerstrebt."

Herbert antwortete nicht, sondern sah schweigend
nach dem edeln Kopfe seines Freundes, dessen Antlitz
mit dem Ausdrucke bestimmter, ruhiger Entschlossenheit in die großartige Landschaft hinaus gerichtet war,
von der sein Auge jedoch jetzt nichts aufnahm. Schon
in frühern Jahren hatte ihm der junge, talentvolle
Architekt ob seines gediegenen Strebens und Wesens
Achtung und Zuneigung eingeflößt. Aber die sonstige
Charaktermilde hatte ihm doch keine sichere Gewähr
für die Entwicklung einer Festigkeit und Stärke gewährt, welche aus den Worten desselben eben zu
sprechen schien. Eine warme Theilnahme lag in dem
Blicke, mit welchem Herbert jetzt in Wildhoffs Mienen
forschte. Er hätte ihm gerne gesagt, daß er bei solcher Gesinnung auf den gewünschten Wirkungskreis
verzichten müsse, um nicht durch bittere Enttäuschun-

gen gekränkt zu werden. Aber er unterdrückte für jetzt diese Mahnung, und, als ob er den Gegenstand fallen lassen wollte, fragte er:

„Und wie haben Sie es sonst bei uns gefunden?"

„In Manchem verändert."

„Zum Guten oder Schlimmen?"

„Nach beiden Richtungen hin."

„Zum Exempel?"

„Die Umgebung der Stadt scheint mir an Reiz sehr gewonnen zu haben," meinte Wildhoff. „Zum Beispiel diese Stelle hier. Vor zehn Jahren stand ich da noch an einem wüsten Abgrund; der unten wüthende Strom fraß Stück um Stück von dieser Höhe, und kahle Sandrisse, überhängende Lehmstücke, auf welche sich nur der Fuß des Tollkühnen getraute, machte dieses einstürzende Felsufer unheimlich wild ohne eigentlichen pittoresken Reiz. Wie lebt es noch in meiner Erinnerung, daß ich eines Abends mit der Tante und der kleinen, verwegenen Ida den halb versunkenen Weg hier zur Stadt zurücknahm und welchen Schrecken wir empfanden, wenn das wilde Mädchen neckisch die dunkeln Locken schüttelnd von uns weg an den Rand des Abgrunds sprang, um der unten lockenden, gefährlichen Nixe des Stroms in die wasserblauen Augen zu schauen. Und jetzt — ich bin völlig überrascht über diese herrliche Anlage! Es ist einer der schönsten Spaziergänge in der Nähe einer großen Stadt, von ganz eigenthümlichem Reize. Wahrlich, eine des Fürsten würdige Schöpfung."

„Seine schönste!" bekräftigte Herbert.

Wildhoff sah ihn jetzt voll an. Die bestimmte Kürze dieser Bemerkung oder der trockene Ton, in welchem Herbert gesprochen, mußte ihm aufgefallen sein. Es lag ein Zweifel in seinen Worten, als er jetzt sagte:

„Die schönste? Ist nicht nach andern Richtungen hin höchst Bedeutendes geschehen?"

„Ja, zum Beispiel im neuen Baustyl!" war Herberts ironische Antwort. „Mit gutem Willen und schwacher Einsicht wurde noch Vieles begonnen, nichts, was so gedieh, so reinen Genuß gewährte, nichts dankenswertheres, als diese Anlagen, die Jedermann Freude und Vergnügen, Niemanden Benachtheiligung, Kummer und Verdruß bereiten, — es müßte denn sein, daß sich dem Spaziergänger ein schwachherziger Philosoph oder ein resignirter Weltreisender, der sich hier als Klatschbase niedergelassen hat, an die Ferse heftet."

Wildhoff hörte mit einiger Verwunderung zu und äußerte nach einer Weile, indem sein Blick noch immer in der Miene Herberts forschte:

„Sie schlagen da eine Saite an, die ich schon einigemal beben hörte."

„Und was bebte sie?"

„Ich finde eine Niedergedrücktheit der Gemüther, eine apathische Verdrossenheit, die mit dem fröhlichen Aufschwunge und künstlerisch heitern Leben vor zehn Jahren im seltsamsten Contraste steht. Was ist das? Sie selbst sind — verändert..."

„Um zehn Jahre älter, Freund!" meinte Herbert lächelnd. „Es hat inzwischen oftmal gereift, wie Ihnen die Köpfe Ihrer Bekannten von damals andeuten mögen."

„Der Ihrige ist jedoch nur dunkler geworden," versetzte Wildhoff. „Ich kannte Sie noch in ziemlich lichtem Blond. Damals — als bei dem Künstlerfeste im Uferwäldchen der König aus Ihrem Becher den Malwein nippte, — Ihr „Oswald der Geiger" war eben erschienen, dessen Lieder mich seitdem überall hinbegleitet haben, — ja, damals, welche Hoffnungsfreudigkeit in Ihrem Wesen, welche Wärme und Frische, welche glückliche Zuversicht —"

Wildhoff hielt inne, aus Furcht, bereits mehr gesagt zu haben, als das Zartgefühl gestatten wollte. Lächelnd bemerkte es Herbert und sagte:

„Und nun finden Sie mich als vergrämten Misantropen, als kalten, finstern Egoisten."

„Das möchte ich weder sagen noch glauben, wenn ich Sie auch allerdings anders gefunden, als Sie mir seitdem vorgeschwebt. Insofern erlebte ich nun freilich — entschuldigen Sie das Wort — eine Enttäuschung."

„Das Leben bringt sie, lieber Freund!"

So ruhig Herbert dies sagte, entging es Wildhoff doch nicht, daß er innerlich bewegt war. Wiederholt hatte Herbert mit bebender Brust krampfhaft aufgeathmet, wie man es auch bei Kindern nach schmerzlichen Aufwallungen bemerkt. Bei Erwachsenen stets die unwillkürliche Aeußerung der Sorge oder nachempfundenen Unglücks, ist es ein sicheres weil unbewußtes Symptom von Kummer. Seufzt doch die Seele dabei gleichsam nach Erlösung, wenn sie auch äußerlich mit Anderm beschäftigt erscheint. Der heitere Ton, welchen Herbert suchte, vermochte denn auch dessen Freund nicht zu täuschen, obgleich diesem das Unglück sein vertrauter Gefährte durch das Leben war, sondern ein ihm fremder Begleiter Anderer, dem er zufällig einmal begegnete.

„Damals," fuhr Herbert mit erzwungenem Lächeln fort, „damals sah ich die Dinge und Menschen anders an, als ich sie seitdem gefunden. Wie Du die Welt ansiehst, so bist Du! sagt man. Und nach dieser Maxime haben Sie mich jetzt für schlimmer zu nehmen, als Sie mich zu finden hofften."

„Vielleicht auch nur für — weniger glücklich!" meinte Wildhoff rücksichtsvoll zögernd, indem sein warmer Ton das Indiscrete seiner Meinung deckte. Dennoch stieß er auf unerwarteten Widerspruch. Denn Herbert versetzte überzeugend:

„Da sind Sie nun doch im Irrthume, wie ich es war, als ich ein Glück suchte, wo es für mich nicht zu finden, vielleicht überhaupt nicht liegt. Jenes ersehne ich nicht mehr und möchte nicht den mindesten Theil des mir Gewordenen dagegen verlieren. Bittere Erfahrungen und leidvolle Sorgen — von beiden ist allerdings ein voll und gerüttelt Maß über mich gekommen — machen noch nicht unglücklich, wenn man es überhaupt nicht sein will."

Wildhoff hatte für den Augenblick auf die Erklärung Herberts nichts zu erwidern, jedoch Manches zu denken.

Schweigend verglich er den Mann dieser Resignation mit jenem, den er vor zehn Jahren im schönen Glauben an die Menschen und die eigne Zukunft, voll edeln Ehrgeizes zurückgelassen. Hinter den Worten mochten sich trübere Verhältnisse bergen, als sie zugestehen wollten. Auch das Schweigen, welches Herbert jetzt beobachtete, war beredt genug. Nur der Lärm der Stadt, das Brausen des unten schäumenden Stromes und der Jubel der Vögel in den blühenden Hecken füllte die Pause aus, welche eingetreten war, während beide Freunde nachdenklich in die weite Landschaft hineinsahen. Endlich unterbrach Wildhoff das Schweigen.

„Man hat in den Zeitungen," sagte er, „so viel von einer neuen literarischen Aera gelesen..."

„Ja, man verstand das!" fiel Herbert ein. „Was veranlaßt Sie, an diese neue Aera mehr zu glauben, als an den neuen Baustyl?"

„Mich? Ich kenne die Verhältnisse nicht — bitte, mich aufzuklären."

„Was ist da viel aufzuklären? Kümmert sich, wer die Landesflora nicht mag, sondern ein Treibhaus will, ob durch den Bau desselben eine eben aufblühende Rosenhecke entwurzelt, oder ihr Sonne und Feuchtigkeit entzogen wird, da die Quellen in's Treibhaus geleitet werden müssen?"

„Hole der Henker das Treibhaus!" fuhr Wild= hoff auf. „Ich glaube, Sie zu verstehen, Herbert, ohne vollständig zu begreifen, wie man es anstellte, so allgemein und auch Sie zu entmuthigen."

„Es giebt mehr Ding' im Himmel und auf Erden, als Eure Schulweisheit sich träumt, Horatio."

„Wenigstens scheint zwischen Ost und West dieses Staates so Manches vorgegangen zu sein, worüber genügende Auskunft fehlt," meinte Wildhoff. „In der That — ich bin überrascht, dergleichen zu hören, von Ihnen zu hören, der Sie doch damals die neuen Bestrebungen so vorurtheilslos betrachteten. Also auch hierin das kindische Verlangen nach Neuem, die Eitelkeit und Sucht, von sich reden zu machen, — keine Entwicklung des Bestehenden, kein Anknüpfen an das Vorhandene, keine organische Fortbildung —"

„Rücksichten auf das Vorhandene in der neuen Aera! Was träumen Sie! Es hatte die Wahl, entweder der Treibhausvegetation als Folie zu die= nen, oder als Unkraut behandelt zu werden, dessen Fortkommen durch alle Mittel erschwert werden müsse."

„Und ich kenne Sie darum, daß Sie in dieser Treibhausperiode vorzogen, Unkraut zu scheinen."

Herbert lachte bitter.

„Allerdings, zur eignen Genugthuung. Vernehmt zu sein erniedrigt wenigstens nicht vor sich selbst. Immerhin, glauben Sie mir, ist es, wo Ehrgeiz dem Stolze sich zugesellt, gerade keine Lust, in solchen Verhältnissen zu leben."

„Sie zogen vor, den Ehrgeiz dem Stolze zu opfern," entgegnete Wildhoff, und Herbert fuhr fort:

„Ja, der Selbstachtung wegen. Andere, eitler als stolz, vermochten es allerdings nicht über sich, lieber den Ruhmesassekuranzen fern zu bleiben, ihren Agenten verachtungsvoll den Rücken zu kehren und todtgeschwiegen zu werden, als an dem demoralisirenden Treiben der Reclamen-cameraderie Theil zu nehmen, einem Treiben, das neben dem Betrug des Publikums die Erstickung jedes urwüchsigen Keimes zum Zweck, die öffentliche Mißachtung des litterari-Strebens zur schließlichen Folge hat. In dieser Zeit — sie war auch die der politischen Reaction — war es Prinzip: im Lande kein selbstständiges geistiges Aufstreben zu dulden, sondern die intellectuellen Interessen als Privatliebhaberei des Fürsten, die nur aus der Ferne unterhalten werden dürfe, zu behandeln. Und — das muß man sagen — mit fanatischer Consequenz hat man an dem Prinzip festgehalten."

„War man denn toll?!"

„Nur pfiffig und albern, Eigenschaften, die sich verwandter fühlen, als man gemeiniglich glaubt," erwiderte Herbert. „Wie, wenn die Elemente jenes Regimes, welche dem guten Willen des Fürsten solche Richtung gaben, — Cabinetssekretäre, Minister und Günstlinge — sich gegenseitig in die Hände arbeitend, die Absicht hatten, ihn von dem Regierungsgeschäfte so fern zu halten, daß es ihnen völlig überlassen blieb, — ihn dem eignen Volke und den Angelegenheiten des Landes so zu entfremden, daß er stets nur ihrer bedurfte gegenüber den Volkswünschen!? Wie, wenn die Reaction sich klar darüber war, daß so die geistige und moralische Kraft im Volke am raschesten und sichersten gebrochen würde?"

„Das wäre ja corrupt! Das müßte ja zum Ruin führen!"

„Meinen Sie? Nun erklären Sie sich die Verstimmung und Niedergedrücktheit der Gemüther, die Sie in Ihren Bekanntenkreisen gefunden. Wornach die höchsten Wünsche der Tüchtigsten im Lande ihr

Lebenlang vergeblich gehen, das wird mühelos von dem nächsten Besten erreicht, der mit dem Willen herein kommt, um jeden Preis etwas zu gewinnen. Und wer will nur immer vergeblich streben! Zuletzt versucht es keiner mehr. Man ergibt sich oder geht unter. Drum wird auch bei uns nicht mehr studirt, um etwas zu lernen, sondern um auf dem breiten bequemern Weg, der frei geblieben, in den Staatsdienst zu rutschen, auf Landeskosten ein Bureaukrat zu werden, wie man ihn wünscht, und sich um geistige Interessen den Teufel zu scheeren! Sie sehen, das System hatte Erfolg."

„Gott sei's geklagt! Warum trat man aber dem nicht entgegen?"

„Das war nicht so leicht. Der gute Wille des Fürsten wurde nicht verkannt und wollte geschont sein; wußte man doch selbstberechtigte Kritik gegen seine Schützlinge als persönliche Beleidigung seiner selbst aufzufassen. Dann hat man hier, auch ein Symptom, keine anständige unabhängige Presse. Zumeist hielt aber die Furcht vor der Anklage der Gemeinschaft mit dem Ultramontanismus ab; denn jedesmal, wenn ein freies Wort nach dieser Richtung hin ertönte, wurde in wohlberechneter Weise ein Geschrei über

ultramontane Agitation erhoben, daß Jeder zurück-
schreckte."

„Das sind ganz neue Aufschlüsse," sagte Wildhoff und fuhr kopfschüttelnd fort: „Seltsam! seltsam!
Man hat außen keine Ahnung von dem Zusammen-
hang der Dinge, aber er gibt mir die Erklärung für
die Symptome, die mir aufgefallen. Ich gestehe, bei
meiner Rückkunft den Eindruck empfangen zu haben,
als ständen wir auf einer schiefen Ebene, als ginge
es stark abwärts —"

„Das unterliegt keinem Zweifel mehr," bestätigte
Herbert. „Die moralische und intellectuelle Spannkraft ist denn auch bereits gebrochen. Die Apathie
und Indolenz überwuchert Alles, kein geistiger Gedanke kann mehr Theilnahme erregen, — jedes ge-
meinnützige Unternehmen, das Höheres bezweckt, als
den rohen Sinnengenuß, darf des Untergangs und
selbst des Hohns über den Thoren gewiß sein, der
sich noch einbildet, für das Bessere Opfer bringen
und Theilnahme finden zu müssen."

„Gehen Sie nicht in Ihrer Bitterkeit doch zu
weit, lieber Freund?" fiel Wildhoff jetzt ein.

„Ich kann Ihnen mit einer ganzen Reihe von
Belegen dienen und mit einem aus eigner Erfahrung,

dessen Darlegung Sie als satyrische Uebertreibung ansehen müßten, wenn Ihnen mein Wort nicht Bürge für die nackte Wahrheit wäre. Doch was soll das in der Stunde des Wiedersehens!" unterbrach sich Herbert. „Ist es nicht Sünde gegen die Herrlichkeit des Tags, der Natur, sich die Luft durch solche Betrachtungen zu vergällen! Sehen wir uns dies prächtige Bild der großen Stadt an, wie eine gelungene Theaterdecoration, ohne an das Treiben hinter den Coulissen zu denken. Oder reden wir über ein erquicklicheres Thema, — erzählen Sie von Italien, lieber Freund, von den Bauten des Bramante, Michel Angelo und Palladio, von Ihren Touren in der Campagna und im Albaner Gebirg.

>Im Walde lagen Trümmer,
>Paläste auf stillen Höh'n
>Und Gärten im Mondenschimmer.
>O Welschland, wie bist du so schön!"

„Erlauben Sie, daß ich erst später an diese Eichendorff'sche Reminiscenzen anknüpfe. Bitte, verweigern Sie mir Ihren Beleg nicht," sagte Wildhoff dringlich. „Es ist mir wichtig genug, das Terrain kennen zu lernen, auf dem ich bauen will, in die Verhältnisse eingeweiht zu werden, in denen ich zu leben, mit denen ich zu rechnen habe. Stehen Sie mir mit Ihren Erfahrungen bei."

„Die Erinnerung erregt Bitterkeit," erwiderte Herbert. „Jedoch die Bitterkeit ist nun einmal da und soll sich in Worten entladen. Hab' ich doch ohnehin einiges Recht erworben, darüber zu sprechen und — wenn es sein muß — scharf zu sprechen. Gut denn. Nachdem ich sah, daß für mich kein Raum mehr blieb und wie allein literarische Erfolge zu erzielen waren, strebte ich nicht mehr nach solchen. Das ganze Treiben kam mir schal, ja geradezu lächerlich vor. Nicht auch das Schaffen. Ich arbeitete, ohne zu veröffentlichen oder that dies doch nur anonym oder pseudonym. Das genügte meinem Stolze eher, als im Gefolge der Treibhausgrößen eine geduldete Existenz fortzuführen. Die Zeit forderte ohnehin andere Thätigkeit; der Druck des schlechten Regimes hatte politisches und nationales Bewußtsein zur Opposition geweckt und man kehrte sich allgemeiner und entschiedener gegen das reactionäre, polizeigewaltige Ministerium. Die Bewegung, welche der eintretenden Fäulniß einen Damm entgegensetzen konnte, ließ mich nicht unberührt, — ich arbeitete journalistisch mit. Außerhalb des Landes erklärte man sich damals diese freiheitliche Regung als Wirkung der „neuen Aera,“ während doch gerade deren Coriphäen die Bewegung in Wirklichkeit mit Angst verfolgten und den endlichen Sturz des Reactionsministeriums erschreckt und erschüttert hinnahmen. Sapienti sat! Ein neues, liberales Regime folgte, in der That das mildeste unserer constitutionellen Entwicklung, — nur der seitherige Cultusminister, eine Null, blieb. Denn auch die neuen Lenker des Staates huldigten dem Wahne, daß die intellectuellen Interessen wie seither behandelt werden dürften, daß ein gezähmter Büreaukratismus genüge, um das Land glücklich, kräftig, blühend und gegen jede nationale Anwandlung oder „deutsche Schwärmerei“ unzugänglich zu machen. Es war eine Verkennung der bewegenden Factoren eines Staatswesens, die Kurzsichtigkeit des Particularismus, der keine Fühlung der Zeitströmung hat. So kann man heute nach den Resultaten urtheilen, — bei Beginn des neuen Regimes hoffte man.“

„Was hoffte man — erlauben Sie mir doch die Zwischenfrage,“ fiel Wildhoff hier ein. „Hoffte man nativistische Restauration und Ausschluß alles Nichteinheimischen?“

„Bewahre Gott!“ rief Herbert. „Wer dem

geistigen Leben überhaupt noch eine Bedeutung zuerkannte, und das waren ziemlich wenige, hoffte allerdings auf Gleichstellung, freie Concurrenz. Mehr wäre denn doch als Albernheit erschienen. Sie, Wildhoff, lassen hoffentlich prinzipielle Zurücksetzung der Landeskinder ebenso wenig als Ausfluß besonderer Staatsweisheit gelten, wie den Abschluß gegen die Träger der nationalen Intelligenz, die allen Stämmen gemeinsam, keinem „Fremde" sind oder sein dürfen. Diese Frage lag übrigens damals mir selbst ziemlich ferne, die politische näher. Nun kam es ohne mein Zuthun, daß sich das eigentliche Haupt, die Seele des neuen Ministeriums, mir in einer Weise näherte und erklärte, welche mich überzeugen konnte, durch publizistische Unterstützung einer liberalen und wohlgesinnten Regierung Ersprießliches für die nationalen Interessen und die Einigung Deutschlands im föderativen Prinzip wirken zu können. Daß ich es mit Uneigennützigkeit that, brauche ich nicht erst zu versichern. So leitete ich ein neugegründetes Blatt, das Organ einer der Regierung sich anschließenden großen, deutschen Parthei, zu welcher sich die ersten, einflußreichsten und reichsten Männer des Landes zählten, während die Uebrigen in unfruchtbarer Negation sich gefielen. Ich war naiv genug, an die Opferwilligkeit und politische Einsicht der Parthei glaubend, den Mangel am hinreichenden Betriebskapital für's Erste zu übersehen und auf Theilnahme des Volkes zu rechnen, da unsere Prinzipien seiner Stimmung entsprachen. Aber das große Publikum blieb bei den Pfennigblättern, und unsere Parthei unterstützte ihr Organ mit vollen dreihundert Gulden."

„Täglich — nun das ist im Verhältniß zu den Journalfonds in Wien und Berlin nicht wenig, sogar viel," meinte Wildhoff mit dem Kopfe nickend. „Hören Sie: Ich finde 300 fl. täglich für hiesige Verhältnisse sehr anständig. Damit läßt sich schon Bedeutendes ausrichten."

„Man gab aber diese Summe nicht täglich," erwiderte Herbert.

„Wöchentlich? Nicht möglich. Das reicht ja kaum für Satz, Druck, — geschweige denn Papier."

„Auch nicht wöchentlich gab man die Summe."

„Man wird doch nicht gewagt haben, Ihnen monatlich einen Bettel von dreihundert Gulden zur Unterhaltung eines neuen Journals anzubieten?" meinte jetzt Wildhoff erregt.

„Gewiß hat man es nicht gewagt. Man gab

diese Summe auch nicht monatlich, auch nicht jährlich, — sondern diese große Parthei, der ich anzugehören die Ehre hatte, unterstützte ihr Organ während seines mehrjährigen Bestehens im Ganzen mit 300, sage in Worten dreihundert Gulden. Doch — ich will ihr nicht Unrecht thun — sie gab nachher noch aus Großmuth eine ähnliche Summe, — zur Entschädigung!!"

Wildhoff war aufgesprungen und lachte gerade hinaus. Dann sagte er:

„Na, Herbert, wenn Sie einmal satyrisch sein wollen, so wissen Sie stark genug aufzutragen."

„Bitte, bitte," entgegnete Herbert, indem er ruhig sitzen blieb. „Lassen Sie Ihre Zweifel. Es fiel uns bitter genug, an die Thatsache glauben zu müssen. Und nun die Anforderungen, die man ob dieser edelmüthigen Unterstützung an uns stellte! Man hatte nicht üble Lust, mich zu behandeln, wie irgend einen der Pfennigliteraten unserer kleinen Raubpresse. Es blieb allerdings bei dem einmaligen Versuch, — Sie können sich denken, wie ich auftrat! —"

„Aber, es ist ja unglaublich!" sagte Wildhoff, indem er sich wieder niedersetzte. „Und während Ihr Name doch allenthalben in Deutschland gekannt ist und mit Achtung genannt wird, fragt draußen keine Seele nach all' diesen — wer sie auch sein mögen.."

„Lassen wir das," bemerkte Herbert ruhig. „Nach Allem, was ich Ihnen erzählt, durften Sie Achtung für geistige Arbeit hier nicht erwarten, und ich führe solche Beispiele nur an, um Ihnen zu beweisen, welchen Erfolg, welche Wirkungen jenes System erzielt hat, wie fremd man jeder geistigen Thätigkeit gegenüber steht. Was meinen Sie, daß der Präsident unsers Vereines erwidert hat, als ihm bedeutet wurde, daß Artikel auch Honorare verlangen? Unbezahlte sind mir schon lieber! sagte der Weise."

„Und hat er solche geliefert? Oder dient er dem Staate ohne Besoldung?"

„Gott bewahre!"

„Und wer war denn dieser — Edle!"

„Ein hoher Staatsbeamte, einer unserer ausgezeichnetsten und bekanntesten, einer unserer intelligentesten."

Wildhoff schlug mit allen Zeichen entrüsteten Erstaunens die Hände zusammen und schüttelte den Kopf. Dann meinte er:

„Da fehlt ja jedes Verständniß! Und wie lange hielten Sie es denn aus? Wirklich jahrelang?"

„Wir mußten wohl — in der Hoffnung, es endlich durchzureißen. Ich arbeitete mit verdoppelter und verdreifachter Anstrengung, in der Hoffnung, durch solche Thätigkeit den Mangel an Fonds ersetzen zu können. Am Tage schrieb ich Leitartikel, die politischen Uebersichten, besorgte alle sonstige Redactionsarbeit und die Verwaltung des Blattes, — bei Nacht schrieb ich natürlich gratis für unser Feuilleton Aufsätze und Novellen. Wenn ich Morgens fertig war stand schon der Setzerlehrling da, um Manuscript zu holen, und die Redactionsarbeit begann von Neuem. So ging es oft Tag für Tag. Ich sage Ihnen, es war amusant, der Rivale von Sisyphus im Orcus zu sein. Oft lag mir das Gehirn wie verkohlt im Schädel, und zum Tode erschöpft fand ich nicht einmal mehr im Schlafe Ruhe. Mich quälten noch im Traume die sehr intensiven innern Streitigkeiten der sonst sehr indolenten Parthei. Dabei litt ich unter der Mißgunst der gesinnungsverwandten Presse, die unser Blatt noch beneiden zu müssen glaubte. Und Verläumdung und Verunglimpfung durch die Gegner nahm kein Ende. Dazu persönliche Herausforderungen blutdürstiger politischer Dilettanten und literarischer Landsknechte, die sich zum Opfer bringen wollten: ein fechlender Amanuensis ward beinahe zur Nothwendigkeit. Doch wie gesagt, wir harrten aus, da eine über Deutschlands Zukunft entscheidende folgenreiche Frage gebieterisch an uns und unsere Regierung herantrat. Wir ermunterten letztere, Hand anzulegen, sich die Gelegenheit nicht entschlüpfen zu lassen, die fernere Existenzberechtigung durch Thaten zu erweisen. Eine wahrhaft unbegreifliche, dickhäutige Indolenz trat uns entgegen. Es fehlte an jeder Erkenntniß des entscheidungswichtigen Moments. Wir stellten der Regierung täglich vor, was eintreffen mußte, wenn sie sich der kurzsichtigen, verhängnißvollen Unthätigkeit überlasse und sich nicht aufzuraffen vermöge: jede Mahnung prallte an dem ehernen Panzer ohnmächtiger Vertrauensseligkeit ab, die nur Gefahr im Handeln, in den Warnern Revolutionäre sah. Es zeigte sich schon so bei der ersten Gelegenheit, daß dieses Staatswesen, dem es an dem belebenden, dem geistigen Factor fehlte, innerlich gebrochen, ohnmächtig, kraftlos, ein Spiel künftiger Zufälle war. Da, endlich — mit der Einsicht und ausdrücklichen Erklärung, daß hier Hopfen und Malz verloren sei — traten wir vom Schauplatz ab, vergeblicher Arbeit müde." —

„Und der endliche Lohn für alle Mühe?"

„Verunglimpfung, Einbuße an Gesundheit und den besten Lebensjahren, — ich stand mit meiner Familie vor einer ungewissen Zukunft mit dem nackten Leben, zwar reich an Erfahrungen, aber dieser Gewinn half mir für den Augenblick blutwenig."

„Und hat man, als die Folgen der politischen Unfähigkeit sichtbarer wurden, Ihnen keine Gerechtigkeit widerfahren lassen?"

„Gerechtigkeit!!"

„Also keinerlei Ersatz?"

„Man sieht," sagte Herbert, „daß Sie mit unsern Verhältnissen und Zuständen nicht vertraut sind. Meinen Sie denn, daß in diesem Staate, in welchem so viel an Schwindel und schamlose Mittelmäßigkeit verpufft wird, auch nur eine Seele daran dachte, daß ich irgend welchen Anspruch habe?"

„Und jener Minister —"

„Wußte mich immer zu finden, wenn er etwas von mir wollte."

Wildhoffs Miene verrieth Unmuth und Verachtung, bis er nach einer Pause sagte:

„Warum ließen Sie sich aber auch mit diesen Leuten ein, warum glaubten Sie da journalistisch wirken zu können! Warum blieben Sie nicht dieser Jämmerlichkeit ferne, bei Ihrer Poesie."

„Hören Sie, lieber Wildhoff," bemerkte jetzt Herbert, „Ihre nachträgliche Weisheit macht keinen Effect. So weise bin ich jetzt auch. Und das Nemliche sagte mir unser edler Herr v. Rizner, als er das Feuilleton der offiziellen Zeitung ausnützend für einen wahren Rattenkönig abgelagerter Novelletten — haarsträubenden Gedenkens — dem Staatssäckel lächelnd erkleckliche Summen enthob. Und ein gewisser Jensen mit dem sinnigen Wahlspruche: „Zugreifen muß man!" hat in praktischer Durchführung dieser glücklichen Theorie wenige Jahre nach seinem Erscheinen im Lande von demselben Minister eine Stelle erschwindelt; welche unsere verdienstvollsten Gelehrten als das Höchste ihrer Wünsche ansahen."

„Warum haben Sie selbst in Ihrem Verkehr mit dem Minister nichts erbeten?"

„Ich konnte das nicht, — dachte auch gar nicht daran. Das Verhältniß mußte wenigstens meinerseits ein uneigennütziges sein."

„Ich begreife das, lieber Freund! Aber daß nicht dennoch —"

Herbert winkte wegwerfend mit der Hand.

„Wer nicht bettelt, bedarf nichts, wer nicht unverschämt fordert, hat kein Verdienst," fuhr er dann fort. „Die Consequenzen jenes geschilderten Systems treten mehr und mehr zu Tage in stupider Apathie, gepaart mit dem gröbsten Egoismus, der nur noch antreibt, von dem Staatsschiff so viel als möglich für sich selbst zu retten, und dann sich zurück zu ziehen — verachtet und zufrieden. Der Nepotismus leistet an Schamlosigkeit das Menschenmögliche. Selbstsucht und Indolenz gehen wie immer Hand in Hand. — — Sehen Sie, ich zähle unter meinen Bekannten die einflußreichsten Persönlichkeiten, — nicht Einer dachte daran, mir meine Lage, die Alle kannten, erleichtern zu helfen. Nach Allem, was hinter mir lag, durfte ich mich nicht auch noch der Demüthigung einer Fehlbitte aussetzen. Ich mußte mir selber helfen, und das ist zuweilen nicht leicht, mein Freund. Stunden, die ich selbst meinen ärgsten Feinden nicht wünschen mag, lehrten mich das. Ich bat und bettelte also nicht, obgleich — ich will es Ihnen gestehen — das geringste Zeichen von Theilnahme mir damals, um meiner Familie und meines nun todten Knaben willen, wohlgethan hätte."

Herbert blickte bei diesen Worten über den Strom

nach der Gegend des Friedhofs hin, so daß Wildhoff von seinem Gesichte wenig sehen konnte. Die eingetretene Pause wollte dieser nicht unterbrechen, obgleich er noch manche Frage auf dem Herzen hatte. So saßen sie geraume Zeit schweigend neben einander, Wildhoff im warmen Mitgefühl, Herbert in kaum unterdrückbarer gramvoller Versunkenheit. Aus dieser mußte er gerissen werden, und es war dies Wildhoffs Absicht, als er sagte, gleichsam für sich:

„Das sind Symptome der nahenden Auflösung!"

Aber die Worte schienen nicht zu wirken.

„Ja, der Staat ist reif, gepflückt zu werden," hub er nochmals an.

„Meinen Sie das?" fragte Herbert jetzt.

„Ja, wenn Sie nicht zu schwarz malten." —

„Ich glaube, dies nicht gethan zu haben."

„Dann sicher."

„Nun, — ich meine es auch!"

„Und hat man eine Ahnung, wohin man treibt?"

„Noch nicht die mindeste, — nicht einmal in den sogenannten politischen Kreisen. Diese selbstgefällige Gelassenheit, die sich ihres Daseins freut und von den Umständen schaukeln läßt, wie ein Wiegenkind, — trotz mannigfacher, unangenehmer Empfindungen noch diese lächelnde, insipide Zuversicht auf den eingebildeten, wurzelfesten Bestand, dem das herannahende Wetter nichts anhaben werde, — diese Blindheit vor dem schicksalsschweren Gang der Zeit, in der die Garben gesammelt und gedroschen, die morschen Bäume umgehauen werden — Sie sollten Alles das sehen, um zu staunen."

„Und Keinem fällt es ein, sich dem Verderben entgegen zu stemmen?"

„Man glaubt es noch ferne, während es schon an der Thür pocht," erwiderte Herbert. „Und was hülfe es! Wo ist die Kraft im Lande, die es könnte! Es fehlt uns an Männern, welche die Lage und deren Ursache erkennen, welche den Wirkungen und Folgen vorzubeugen Energie und Geschick genug hätten. Ich sagte Ihnen, daß ich reich an Erfahrung aus den Prüfungen der letzten Jahre hervorgegangen bin. Ein trübseliger Vortheil, aber immerhin einer, da er mich von Illusionen geheilt. Ich habe die einflußreichen Persönlichkeiten kennen zu lernen so ziemlich Gelegenheit gehabt. Glauben Sie mir, daß ich oft über das widerspruchsvolle Geheimniß nachgedacht, warum dieser Herr v. Luxenthaler, dieser Herr v. Holzstadt, dieser Herr v. Altmüller,

Rixner und wie sie alle heißen nicht als Mädchen zur Welt gekommen sind, um in einer männerbedürftigen Zeit ohne Schaden für das Allgemeine ihren lieblichen Kaffeekränzchen und sonstiger anmuthiger Thätigkeit unbelästigt nachgehen zu können."

„Warum aber," fragte Wildhoff, „bekämpfen Sie diese Zustände nicht? Das gäbe Stoff für andere Juniusbriefe!"

„Dann müßte ich ein anderer Junius und der Stoff mir weniger gleichgültig sein," antwortete Herbert. „So viel habe ich doch erkannt, daß da nicht viel mehr zu bessern, mit diesen Elementen nichts zu schaffen ist. Die Entwicklung Deutschlands nimmt andern Gang, als wir es gedacht, und wenn ich zurücksehe, möchte ich es nicht einmal beklagen."

„Aber wie?" fing Wildhoff wieder an. „Warum verarbeiten Sie Alles das nicht z. B. in einem Roman?"

„Dazu ist mir der Stoff zu schlecht, der Gegenstand zu schal," erwiederte Herbert, indem er sich mit leichterem Herzen von seinem Sitze erhob und Wildhoff seinem Beispiel folgte. „Auch mag ich diese Gattung nicht, die doch nur Sensation zu erregen, keine ästhetische Befriedigung zu gewähren vermag. Der Erbärmlichkeit ist so viel in der Welt, — warum auch noch Bücher damit füllen! Uebrigens über diese Frage ein andermal, und lassen wir für jetzt überhaupt das unerquickliche Thema. Erzählen Sie mir —" Herbert hielt plötzlich inne.

Die Freunde waren nemlich im Begriffe, den Platz zu verlassen und sich zur Stadt zurückzuwenden, als sich leichte, flüchtige Schritte hinter dem blühenden Buschwerk näherten, und gleich darauf eine schlanke, jugendliche Frauengestalt auf einem der herführenden Pfade nach dem freien Raum eilte, der als ein natürliches Belvedere den Scheitel des gegen den Strom abfallenden, altanartigen Vorsprungs der Anhöhe einnimmt. Gleich einem Genius des Lenzes erschien die holde Gestalt am grünen, blühenden Orte und schritt ohne Ahnung, ein Gegenstand der Beobachtung geworden zu sein, bis zur Brüstung der Umzäunung mit einem Ausrufe freudiger Ueberraschung vor.

Herbert hatte sich selbst unterbrochen, als er die liebliche Erscheinung von gestern Abend erkannte, — Heinrich Wildhoff ließ ein verwundertes, leises: „Ah!" hören.

Viertes Capitel.

In welchem mehreres über den Helden unserer Geschichte verlautet und am Schlusse kühles Wasser rauscht. —

Das dichte Gebüsch, welches die Zugänge zu dem Rondell umfaßt, hatte dem Mädchen, während es dem Aussichtspunkte zueilte, die Gestalten der beiden Männer verborgen, und nun war die junge Dame von dem Blicke auf Strom und Stadt so sehr gefesselt, daß sie die Herren nicht bemerkte, welche eben den Platz verlassen hatten.

Mit genugthuender Freude am Schönen sah Herbert, daß dem geistig bewegten innigen Ausdruck des Antlitzes Wuchs und Haltung entsprachen, welche im Verein das anmuthigste Wesen schmückten. Ihr Gesicht leuchtete in ruhigem Entzücken. Gleichsam verklärend schwärmten ihre Augen über Laubwerk und Rasenböschung hin in die vorliegende Landschaft, während die schlanke, holde Gestalt im hellen Sommergewand, leicht auf das Geländer gestützt, die reizendste Staffage eines Bildes war, an welchem Kunst und Natur gleich meisterhaft zusammen gewirkt hatten.

Als sich das Mädchen nun umwandte, um in einen der umbuschten Zugänge hinein zu rufen, streifte ihr Blick die Männergestalten am Höhenrande. Wildhoff griff zum Hute, auch Herbert grüßte. Verwunderung und Ueberraschung, ja, eine leichte Wallung des Bluts spiegelten sich auf dem schönen Gesichte, — dann aber ward der Gruß etwas fremd, wenn auch nicht befremdet, mit ungesuchter Grazie erwiedert. Zu gleicher Zeit erschien eine ältere Dame auf dem Platze; wieder grüßten die beiden Herren, und die Dame dankte mit höflicher Zurückhaltung, flüsterte dann dem schönen Mädchen etwas zu und folgte mit den Blicken einen Moment lang den Weiterschreitenden.

Am Rande der Böschung auf dem Wege zur Stadt weiter wandelnd, warfen auch unsere Freunde noch manchen Blick nach dem altanartigen Vorsprung zurück, so lange das lichte Gewand des schönen Mädchens durch das Grün der Umgebung leuchtete. Bald aber verschwand die liebliche Erscheinung ganz hinter den Rändern des Buschwerks, welches die Pfade einrahmte, so daß rückwärts nur noch der Blick auf die

Straße frei war, wo ein zweispänniger Hotelwagen langsam vorfuhr.

„War das etwa Ihre Cousine Ida?" fragte jetzt Herbert den nachdenklich stillen Gefährten.

„Nein!" antwortete dieser, gleichsam aufschreckend.

Nach einer kleinen Pause fing Herbert wieder an:

„Wünschen Sie nicht, daß sie es wäre?"

„Wie kommen Sie zu dieser Frage!" meinte Wildhoff lachend.

„Weil ich diesen Wunsch hege."

„Und warum?"

„Mein Wunsch befremdet Sie! Seltsam! Was hätten Sie denn gegen ein Bäschen von solchem Liebreiz, der nur die äußere Erscheinung von Reinheit und Schönheit der Seele sein kann, einzuwenden?"

Wildhoff's Lächeln war verschwunden, und ernsthafter als die Veranlassung zu fordern schien, sprach er jetzt:

„In der That, das junge Wesen ist eine gewinnende Erscheinung. Jedoch, warum soll es Bäschen Ida nicht ebenso sein?"

„Zugegeben! In der That erklärt die Fama Ida von Luckner für eine der glänzendsten Schönheiten der Hauptstadt, — ein starker Magnet für den Salon

Ihrer Tante. Frau von Luckner ist ja Ihre Tante, nicht wahr?"

In dem heitern Tone, mit welchem die Unterhaltung wieder angeknüpft worden war, wurden auch diese letzten Worte gesprochen. Herbert fühlte sich nach den unerquicklichen Erörterungen erleichtert; mit den Worten war die Bitterkeit vom Herzen gewälzt, in welche er sich durch jede Erinnerung an die trüben Erfahrungen versetzt fühlte. Seine Brust war frei. Munter wie seit lange nicht mehr, sprach er mit dem Freunde, dessen Begegnung zu seiner glücklichen Stimmung wesentlich beitrug. So bemerkte er nicht den Eindruck seiner Worte auf Wildhoff, der zum Mindesten nicht angenehm berührt, wenn nicht beunruhigt war. Mit gespanntem Blicke forschte dieser jetzt in Herberts Miene. Aber diese war so unbefangen und unverhohlen, daß seine Aeußerungen sicher seine besondere Meinung verlarvten.

„Allerdings ist die verwittwete Ministerialräthin Luckner meine Tante," hub dann Wildhoff an, „und mehr als das — meine zweite Mutter. Sie wissen, daß ich frühe meine Eltern verlor. Mittellos und und unversöhnt mit Ihrer Schwester, starb meine Mutter in der Provinz. Da aber nahm sich jene

Schwester meiner an, behandelte mich mit ebenso viel Liebe, ließ mir eine ebenso sorgfältige Erziehung angedeihen, als sei ich ihr leiblicher Sohn. Was ich bin, danke ich ihr. Meine edle Tante hat mir so sehr die Wege durch's Leben geebnet, daß der frühe Tod meiner Eltern die einzige schmerzliche Erinnerung für mich ist. Und wäre mir eine unverhoffte Erbschaft aus der Verwandtschaft meines Vaters nicht zugefallen, so daß ich ganz meinen Wünschen und Neigungen leben kann, — meine Tante würde mich in den Stand gesetzt haben, eben so lang auf dem klassischen Boden der Kunst leben zu können, als es geschehen."

„Ich zweifle nicht im Mindesten daran," sagte Herbert, über den Eifer des Freundes verwundert und erheitert. „Warum erwähnen Sie jedoch Ihres schönen Bäschens nicht? Und doch brennen Sie vor Begierde, Näheres zu erfahren über die Entwickelung des wilden Lockenkopfs, der Sie damals, am Rande des Abgrunds taumelnd, in Schrecken setzte."

„Ich bin drüber nicht so ganz ununterrichtet," meinte Wildhoff, „da nach des Onkels Tod Wittwe und Tochter mich in Italien besuchten."

„Und Ida von Luckner ist das Wunder, für das sie gilt?"

„Nur eine andere Ausgabe derselben Frauenschönheit, die Sie vorhin bewunderten — ein dunkler Prachtband neben dem Goldschnitt, wenn Sie wollen. Die Parallele kam mir schon früher."

„Ah, Sie kennen die schöne Blondine von vorhin!"

„Keineswegs."

„Sie grüßen wohl alle jungen Schönen?"

„Nicht alle, nur manche in Erinnerung früherer Begegnung," meinte Wildhoff lachend und erzählte auf den fragenden Blick des Freundes:

„Es war auf der Rückreise aus Welschland, auf dem Comer-See. Ich fuhr von dem Paradiese Bellagio hinüber nach der Villa Carlotta am andern Ufer, von welchem eben ein Kahn abstieß, der unsere Fahrbahn kreuzte. Die Schiffer sangen in den Glanz des Abends hinein, so daß es melodisch über die Fluth klang:

> O pescator dell' onda, Fidelin!
> Vieni pescar in quà
> Colla bella sua barca
> Colla bella se ne và.

Leise summte ich den deutschen Text mit: „Das Schiff streicht durch die Wellen." Die Heimwehseligkeit desselben ergriff mich noch mehr, als ich in dem nahenden Kahne die Gestalt jenes Mädchens neben ihrer ältern Begleiterin erblickte und ihre blonden

Flechten mir Loreley und was unsere deutsche Romantik von Frauenschönheit träumt, in's Gedächtniß riefen. Dem Mädchen, das sinnend am Rande des Kahnes saß, entfiel ein Tuch, das im Wasser schwimmend beim Vorüberfahren von mir aufgefangen ward. Um es wieder zurückzustellen, gab es einen kleinen Aufenthalt, einen auf wenige Worte beschränkten flüchtigen Verkehr, der ihrerseits nur in einem lächelnden Dank bestand. Dann gingen die Kähne wieder ihre entgegengesetzten Bahnen. Als ich aus der Gondel auf die breiten Treppen sprang, die zum eisernen Gitterthor der Villa führten, sah ich zwar das Schifflein dem jenseitigen Strande zuschweben, konnte jedoch die Gestalten darin kaum mehr unterscheiden." —

„Nehmen Sie das unvermuthete Wiedersehen als einen Wink der Götter!" sagte Herbert nach einer Pause.

„Was hätten die zu winken?"

„Ich sitze nicht im Rath der Unsterblichen."

„Viel zu bescheiden. Dichter und Propheten werden ja beigezogen. Also, was winkten die Götter."

„Für den, der so holdem Wesen spröd und blöde gegenüber bleiben kann, nichts."

„Sollte ich mich als den Retter ihres Tuches

aus den Wellen des Comer Sees zu erkennen geben? Der Vorstellung würde mindestens das Komische nicht fehlen!"

„Lieber Wildhoff," sprach jetzt Herbert mit Laune. „Ich will das Panzerhemd Ihres Gemüths nicht weiter betasten."

„Verlorene Vorsicht. Ich bringe mein Herz so frei in's Vaterland zurück, als ich es fortgetragen."

„Frei bis auf den Raum, den der bunkle Prachtband einnimmt!" fiel Herbert im leichten Spiel der Worte ein und bemerkte nicht, wie dabei eine leichte Röthe über Wildhoffs Antlitz flog.

Dieser schritt jetzt nachdenklich neben ihm her zwischen den grünen Laubeinrahmungen des Wegs, der am Rande der Höhe hinführte. Wildhoffs Gedanken waren offenbar sehr beschäftigt; aber er hatte keine Lust, sie zum Gegenstande der Unterhaltung zu machen, oder das angeschlagene Thema weiter zu verfolgen. So war eine Stille eingetreten, die der Architekt plötzlich mit den Worten unterbrach:

„Ich freue mich Ihrer heitern Laune. In dieser Stimmung geben Sie mir nunmehr Ihr Urtheil über die gesellschaftlichen Verhältnisse hierorts."

Eine unruhige Bewegung Herberts gab dessen

unangenehme Ueberraschung kund. Mit verzogenen Brauen fragte er:

„Wofür diese plötzliche Wendung in's Unerquickliche?"

„Muß sie es nothwendig sein?"

„Ja, weil die gesellschaftlichen Zustände die öffentlichen spiegeln. Uebrigens liegen die Brücken geselliger Verbindung abgebrochen hinter mir."

„Wer brach sie ab?"

„Ich selbst war so frei," sprach Herbert einen Zweig vom Gesträuche reißend, während Wildhoff nach ihm hinsah, indem er fragte:

„Sie entbehren doch nicht alles Umgangs?"

„Beinahe doch, und entbehre nichts damit, nichts, als was ich gern entbehre: Alltagstreiben, Alltagsreden, Alltagsgesichter. Oder was verlieren wir an den Gesichtern, die nach ihren eigenen langweiligen Stirnrunzeln die Furchen des Schicksals in unserer Seele deuten?"

„Lassen Sie mich fragen, was Sie mit der Isolirtheit gewinnen?"

„Freiheit, Unabhängigkeit von den Fesseln der Gesellschaft, von ihrem Urtheil, ihren Anforderungen und Täuschungen."

„Nur ein negativer Vortheil, darum ein problematischer. Nennen Sie mir einen positiven."

„Zeit vergeubend holte ich mir sonst Ungenügen, wo ich der Sammlung bedurfte. Jetzt lebe ich gedeihlicher meiner Familie, meiner Arbeit — ich dächte auch in Sorgen und Nöthen ein sehr positiver Vortheil."

„Der mir nur zu theuer erkauft scheint!" erwiederte Wildhoff und übersah dabei den düsteren Schatten, welcher Herberts Stirne überflog. „Der Mensch ist einmal ein geselliges Thier — wir müssen für die Gesellschaft leben, in ihr wirken."

„Für sie, nicht gerade in ihr," warf Herbert ein.

„Auch in ihr. Gerade in Ihrem Berufe muß man sie kennen."

„Weil ich sie kenne, wich ich ihr aus."

„Das durften Sie eben nicht — Sie sollten sie beständig beobachten."

„Wie? Kennt die Gesellschaft, wer sich in ihrem Getümmel verliert, von ihm sich treiben läßt, oder büßt er nicht vielmehr den Blick für das Eigenthümliche derselben ein, weil es ihm als alltäglich erscheint? Glauben Sie mir, lieber Wildhoff, je mehr man sie zu beherrschen wähnt, desto bälder ist man ihr Sklave, ein Spielzeug ihrer Laune, treibt im Strudel willenlos umher, während der Beobachter am Strande ruhig auf das Getriebe sieht."

„Hm!" machte Wildhoff. „Um Gewalt und Tiefe des Strudels zu kennen, muß man sich hinein gewagt haben."

„Und um vor ihm warnen zu können, muß man sich aus ihm gerettet haben."

„Das ist wohl Ihr Fall mir gegenüber."

„Nehmen Sie's so — es schadet so wenig, als es hilft."

Wildhoff lachte etwas übermüthig, als er erwiderte:

„In der That, bin ich gesonnen mich kopfüber in den Strudel zu stürzen, wäre es auch nur, um Ihnen zu zeigen, wie ein guter Schwimmer mit der Welle spielt."

„Und die Welle mit dem Schwimmer?"

„Wie? Sie prophezeien Unglück?" fragte der junge Architekt stehen bleibend.

„Vielleicht nur Enttäuschungen. Sie sind ganz so geartet, die Bedeutung des Wortes hier zu erfahren."

„Ich? Warum ich?"

„Vielleicht weil in der Gewöhnlichkeit nur das Gewöhnliche gedeiht, was über das Niveau ragt, leicht abknickt."

„Ich könnte zufrieden sein mit Ihrer guten Meinung," sprach jetzt Wildhoff nachkommend, „und bin es wirklich so sehr, daß mich die duhinter steckende Warnung nicht schreckt. Ich will einmal auf dem Grunde bauen, den Sie als so tückisch schildern."

„Was bauen?"

„Eine Wirksamkeit," sagte Wildhoff die Schultern leicht wiegend, „eine Wirksamkeit durch ein Amt, eine Professur —"

„Nun das läßt sich erreichen," fiel Herbert ironisch ein. „Lehnen Sie sich nur am rechten Pfeiler an und empfehlen Sie sich durch die Qualifikation zum Schwiegersohn. Wir leben hier in der Blüthezeit der Schwiegersöhne."

„Glückliches Land," sagte Wildhoff lachend. „Jeder ist's, war's, oder will's doch werden."

„Sie lachen? Lachen Sie nicht, wenn Sie nicht ein Schwiegersohn par excellence werden wollen, der mit der Frau auch Genie und Beruf zu Amt und Würde erlangt. Halten Sie sich zu den Meistern, die den Stein der Weisen entdeckt haben und Blei im Kopfe flugs in gediegenes Gold verwandeln, wenn es ihnen taugt. Anders geht es einmal nicht."

„Dann ist's nichts mit Amt und Würde!" meinte Wildhoff heiter. „Ich werde den Laboratorien dieser Adepten möglichst fern bleiben und mich ihren Experimenten nicht aussetzen. Der Inhalt meiner Hirnschale genügt mir auch ohne Transmutation. So werde ich mich bescheiden, es uneigennütziger als freier Künstler zu versuchen, und mich mit dem Spruche trösten: Kunst macht Gunst."

„Gunst macht Kunst — das ist die rechte Lesart," sprach Herbert jetzt mit Nachdruck. „Gunst ist das Agens, Günstlinge sind die treibenden Kräfte unseres Staatswesens, das d'rum auch so merkwürdig gedeiht. Geben Sie sich also keinen Illusionen hin, Freund. Halten Sie sich in dieser Gesellschaft rein, handeln Sie uneigennützig, und Sie werden den andern als unbegreiflich erscheinen, ein Narr oder noch Schlimmeres. Je edler Ihre Motive, desto trüberer Deutung unterliegen Sie."

Wildhoff sah in diesen Aussprüchen eine Verbitterung und Herbheit des Urtheils, die ihm als Uebertreibung erscheinen mußte. Er lachte, indem er sich auf eine Bank in einer tiefen Bucht des Gebüsches warf. Und als Herbert sich ebenfalls niedersetzte und nach dem Grunde seiner Heiterkeit fragte, erzählte der Architekt, daß er in Florenz einen jungen Italiener aus gutem Hause kennen gelernt habe, der oft versicherte, während seines Aufenthaltes in hiesiger Stadt für einen Schwindler gehalten worden zu sein, weil er gut gelebt ohne Schulden zu machen. Die Anecdote erschien Herbert eben so echt als lustig, so daß er in die Heiterkeit des Architekten gern einstimmte.

Während sie nun noch stille für sich hinlachten, unterbrachen nahende Schritte das augenblickliche Schweigen. Zwei Herren kamen in vertrautem Gespräche des Wegs, so vertieft in ihr Thema, daß sie nicht rechts noch links sahen. Sie gingen langsam, blieben öfter stehen und jetzt wieder — fast unmittelbar vor der Ruhebank im Buschwerk, während der Kleinere mit einem dünnen tonlosen Stimmchen eifrig sprach und dabei sein Hamstergesicht dem Größeren so nahe brachte, daß dieser sein zartes Antlitz beständig etwas abseits hielt und mit der dünnen, feinbehandschuhten Hand sich fortwährend Kinn und Bart von den goldenen Ohrringen an abwärts strich. Jetzt aber neigte er anmuthig das Haupt und sagte mit einer sanften, melodischen, fast weiblichen Stimme zu dem eifrig sprechenden, kleineren Begleiter:

„Ja, ja, Herr Intendant. Aber was meinen Sie, daß zu thun wäre?"

„Zugreifen! Zugreifen muß man, Herr Geheimerath!" wisperte der Kleinere mit dem Hamstergesichte heftig, fast zischend, indem er an seiner silbernen Brille rückte.

Das Männchen suchte sich offenbar als starken, entschiedenen Charakter geltend zu machen, mit welchem Bemühen die schwache Stimme und die scharfe Aussprache des f vor p, t und ch einen seltsamen Gegensatz bildete. Bedeutsam fuhr er fort:

„Die Geschichte lehrt, daß alle große Männer zugriffen, — auch mein General Holk!"

„Den Sie poetisch verherrlicht haben," warf der Geheimerath sanft ein, indem ein Lächeln seine zarten Züge belebte. Der Andere aber fuhr fort:

„Das allein bringt vorwärts. Die Ministerkrise ist da, der Staat bedarf seiner Männer, — man ist für das Auswärtige förmlich auf Sie angewiesen, darum von unendlicher Wichtigkeit, daß Sie zugreifen, Herr Geheimerath."

Mit möglichster Verdünnung der Stimme verstieg sich der Eifrige bei dem Worte „unendlich" in die höchste Fistel. Der Geheimerath strich sich aber sein Kinn noch sanfter und sprach unendlich weich:

„Nein, lieber Freund, so weit gehen meine Wünsche nicht. Ich liebe die stillere Laufbahn, das bedingt schon mein bescheidenes Talent. Aber Sie, Herr Intendant, ein Mann von Ihrer Befähigung —"

Und der Geheime hielt inne und sah sehr wohlwollend auf seinen Begleiter, dessen Miene sich erwartungsvoll zusammenzog. Die Ungeduld, als der Satz unvollendet blieb, peinigte den Kleinen.

„Ja," wiederholte der Geheimerath wieder höchst melodisch, — „Sie" —

„Wär' es nicht zu frühe, lieber Freund?" fragte jetzt der Herr Intendant mit schlecht verborgenem Schmunzeln. Sein Wangenbart erschien dabei wie ein Paar Backentaschen, die Platz genug für ein Portefeuille boten. Ueber die Züge des Geheimeraths aber zuckte Erstaunen, Hohn und Befriedigung. Jedoch erst, als der Intendant heuchelnd einwarf, daß ihm diplomatische Praxis fehle, tönte des Geheime-Raths sanfte Stimme wieder mit verlockender Weichheit:

„Nun, auch das Cultusministerium wird vacant werden."

„Je nun, — jjja!" Und des Intendanten Augen leuchteten katzengrün durch die Brille. „Aber — zu kurze Zeit im Lande!! Nicht wahr?"

„Oh!" sprach der Geheime unwiderstehlich liebenswürdig. „Kein Hinderniß für Sie. Seit Sie hereinkamen, haben Sie schon viel erreicht. Was unserer Talente höchstes Ziel, erreichten Sie alsbald — eine ordentliche Professur . . ."

„Aber die Universität protestirte."

„Was hat Sie das gekümmert. Jetzt sind Sie Intendant der Landesmuseen, — unsere verdienstvollsten Männer beneiden Sie darum. Was geht Sie das an?"

Unangenehm berührt und wie ein Hamster fauchend, meinte jetzt der Kleine:

„Längst wurde mir die Stelle versprochen von dem verstorbenen —"

„Ja! Sie beriefen sich darauf, und —" die Verstorbenen widersprechen nicht, war die Meinung des Geheimen, die er jedoch dahin ausdrückte: „Und mit vielem Rechte. Ich gratulire Ihnen zu der Krönung Ihrer Carriere. Herr von Altmüller, der Staatsminister, der Ihnen die Intendanz verliehen, wird Sie gewiß auch freudig als College begrüßen."

„Steht dahin!" flüsterte der Intendant verdrießlich, fast keuchend, und fuhr dann, dem Geheimen sich nähernd, fort: „Sagt er doch, er wolle sich die Haare ausreißen, daß er sich von mir übertölpeln ließ. Denken Sie!"

In den Augen des Geheimen leuchtete es voll vergnüglichen Spotts. Dann aber neigte er das Haupt wehmüthig, strich sein Kinn und sagte:

„Das hätte Herr von Altmüller nicht sagen sollen. Trösten Sie sich, ein mächtigerer Gönner lebt Ihnen im Cabinet."

„Aber der König will sich nicht mehr leiten lassen, — die Hofcavaliere gewinnen an Einfluß.."

„Nur Einer," sprach der Geheime gleichgültig.

„Wer, Herr Geheimerath, wer?"

„Herr von Leith."

„Der unbedeutende junge Mensch!" fuhr der Intendant auf; worauf aber der Geheime sehr mittheilsam und sehr wohlwollend sagte:

„Der unbedeutende Mensch, wie Sie ihn nennen, wird auch für Sie bald von größter Bedeutung sein."

„Bitte, lieber Freund, ich sagte blos junger Mann!"

berichtigte der Intendant und hielt beschwörend die Hand empor. Und nun sprudelte über seine Lippen eine Sturzfluth von Worten, welche das unvorsichtige Prädikat, jeder Erinnerung fern, weit hinwegschwemmen mußten. „So, der schmucke, junge Ordonnanzofficier!! Distinguirtes, aristokratisches Air, feiner Cavalier, höchst anziehend und gewinnend, besonders Damen gegenüber. Was er mir doch jüngst klagte, daß er gerade auf Besuch der liebenswürdigen Baronin war, als auf Buchberg Haberfeld getrieben wurde. Recht unangenehmer Zufall, nicht wahr. Sehr, sehr unangenehm!"

Schweigend hörte der Geheime zu, strich sich Bart und Kinn und fragte erst ganz zuletzt:

„Wo trafen Sie denn Herrn von Leith?"

„Abends bei Frau von Luckner!"

„Bei Frau von Luckner!" wiederholte der Geheime mit einem Hinaufziehen der Brauen, als ein Geräusch ihn nach der Seite blicken ließ, wo auf der Bank im Gebüsch zwei Herren saßen, von welchen er alsbald Dr. Herbert erkannte. Rasch zog der höfliche Geheimerath den Hut, welchem Beispiele sein verblüffter Genosse folgte; auf dessen Kosten verklärte ein zartes Lächeln des Geheimen Antlitz; dann bogen sie schnell um die Ecke des Gebüsches und fragten sich verdutzt mit Blick und Wort, was dieser Herbert wohl von ihrem Gespräche gehört haben möchte.

Wildhoff aber erfuhr von seinem Gefährten, daß der eine Geheimerath Rixner, der andere Intendant Jensen sei, während er selbst sich gedankenvoll von der Bank erhob und mit Herbert seinen Weg fortsetzte. Wie beiläufig fragte er dann:

„Nannte man zuletzt nicht den Namen meiner Tante?"

„Ja. Sie können somit im Salon der Frau von Luckner die Bekanntschaft des angehenden Günstlings machen."

„Pah!" machte Wildhoff scheinbar gleichgültig, während er ärgerlich und unruhig war. „Was geht mich der Günstling an! — Nur keine wahrsagende Miene, lieber Freund. Sie werden allzu zuversichtlich, weil der Zufall die Beiden vorübergeführt, um als Belege Ihrer Aufstellungen zu dienen. Dennoch urtheilt Ihre Empfindlichkeit im Allgemeinen zu bitter."

„Wollen sehen!" meinte Herbert ruhig. „Meine Erfahrungen glaubte ich auch für den Freund gemacht zu haben. Jedoch gilt Ihnen die Meinung der Welt..."

„Nicht Alles, aber doch sehr viel, ja!"

„Zuviel also für Ihre künftige Zufriedenheit."

„Sie machen mir bange, und doch spricht man von der Gemüthlichkeit des hiesigen Lebens."

„Auf der Wirthsbank!" sprach Herbert trocken. „Wenn Sie es einmal ungemüthlich finden werden, trösten Sie sich mit dem eigenthümlichen Reize dieser Natur, dieser großen Landschaft."

„Schade, daß sie nicht heilend auf Ihre Misanthropie wirkt."

„Ach," erwiderte Herbert mit ernstem Lächeln. „Eine Fülle von Menschenachtung und Liebe wird mich noch lebenslänglich Täuschungen aussetzen. Und wie gerne will ich einst beschämt Ihrer glücklichsten Laufbahn gegenüberstehen!"

„Davon, verehrter Freund, bin ich völlig überzeugt. Aber — me Hercule!" unterbrach sich Wildhoff, indem er plötzlich stehen blieb und den Kopf zurück warf. „Was ist das? Was soll der monströse Coloß? Cospetto di bacco — was soll das werden!"

Diese Ausrufungen galten einem unfertigen Riesenbau, in welchem nach Herberts Erklärung die künftigen Staatsmänner, Dichter und sonstige Größen gezogen werden sollten. Der erstaunte Architekt

murmelte Citate vor sich hin, wie: „Ein großer Vor=
satz scheint im Anfang toll!" und: „Wer lange lebt
kann viel erfahren," welche er der Scene im Faust
von der Erschaffung des Homunculus entnahm. End=
lich aber wandte er sich mit den Versen:

„Natürlichem genügt das Weltall kaum,
Was künstlich ist, verlangt geschlossnen Raum"

von dem Anblicke hinweg. Denn Herbert rief von
der Brücke her:

„Hieher! hieher! Ein Stück Natur! Wie der
Strom braust und wider die Pfeiler schlägt, die sein
Joch tragen! Haben Sie je so fröhlich wildes Wasser
durch eine große Stadt rauschen sehen!"

Dort stürzt nemlich der Strom im Frühlinge
mit dumpfem Brausen über gewaltige Wehre und
umtost die Insel, über welche sich die Brücke auf
mächtigen Pfeilern von Ufer zu Ufer schwingt. In
der Farbe des Smaragds, schäumend in der des
Schnees, rauscht das klare Alpenwasser zwischen Kies=
gerölle daher — ein Stück Hochlandsnatur mitten in
der glänzenden Hauptstadt. Fern sehen die Schnee=
firnen der Alpen herein, welche den Strom speisen,
daß er als ächter Hochlandssohn johlend durch die
Königsstadt springe.

Niederblickend auf den wallenden Crystall und mit Sehnsucht nach den grünen Matten und blauen Seen seiner Heimath gingen die Freunde über die Brücke, welche den beliebtesten Corso der Hauptstadt abschließt. Gleich andern Spaziergängern lehnten sie dann an der Brustwehr des Flußarms, dessen Fluth durch eine Schleuse gespannt lärmend überstürzt und in kleinen Cascadellen das hölzerne Bett hinuntergleitet, während sich das Fahrwasser für die Hochländer Flösse durch einen gemauerten Canal drängt und mit furchtbarer Gewalt wie flüchtiges Glas schief abwärts in die Tiefe schießt, um unten sprühend als Gischt und Schaum in wilder Wallung aufzubäumen. Schon manches Floß brach hier, das die Stämme, aus dem Schnee der Wallung steigend, wild im Strome forttrieben. Die sichere Brücke bildet so eine Schaubühne für den interessanten Moment, wo die Flösse durchschießen, und lockt dann immer die Vorübergehenden an, nach den kühnen Hochländern im Kampfe mit der Stromgewalt auf der abschüssigen Bahn zu schauen.

Eben waren oben an der Stromkände, wo die kleinen Bierkneipen stehen, Flösse angefahren und hatten Bewohner des Oberlandes zur Königsstadt gebracht. Floßknechte mit den Aexten auf den Schultern begrüßten die schmucken Dirnen, und prächtige hochländische Männergestalten in Spitzhut und Joppe sprangen an's Land.

Wildhoff hatte auch in der Fremde oft der Stunden gedacht, wo er mit den jungen Genossen unter jenen Bäumen beim Bier gesessen unter den Burschen und Mädchen des Hochlandes, die mit Hutschwenken und Jauchzen gelandet waren. Jetzt genoß er nach langen Jahren des Anblicks wieder. Dort neben der Schichte gewaltiger Stämme stand eine Gruppe von Flössern auf ihre Aexte gestützt, bei ihnen Bursche mit kühngeschnittenen Gesichtern und den herausfordernden Birkhahnfedern auf den grünen Hüten, — einer oder der andere vielleicht als kühner Raufer oder Wildschütz in den oberländischen Clan's berühmt, ein Gewaltiger im geheimnißvollen Bunde der Haberfeldtreiber, nicht Ansehn und Macht der Person scheuend, die dem nächtlichen Rügegericht verfallen ist.

Der romantische Nimbus, welchen Erinnerung und Entfernung um solche Erscheinung weben, büßte bei Wildhoff nicht ein, als er sie wieder im klaren Lichte eines Maientages vor Augen hatte. In jüngeren Jahren hatte er selbst wochenlang unter diesem Volke verlebt, über dessen Streitbarkeit und gewaltthätige Sinnesart so mancher unheimliche Zug, so manche bluttriefende Geschichte durch Zeitungen und Bücher in die Welt hinaus getragen worden. Er war damals von Berlin gekommen und hatte vor seiner großen Kunstreise nach Italien die Tante auf ihrem Landsitze besucht, war mit der kleinen Ida gesprungen und gewandert auf den grünen Hügeln des Alpenvorlandes, in welches er sich wieder zurückziehen wollte, wenn ihm einst das Treiben der städtischen Gesellschaft verleidet sein sollte, wie es nach der Schilderung Herberts leicht möglich war. Keine Ahnung, unter welchen Verhältnissen dies einst geschehen solle, trübte ihm den Augenblick. Aber es überraschte ihn, daß, als er sich eben umsah, ein Hotelwagen vorüberfuhr, in welchem das schöne, blonde Mädchen saß, dessen freundliche Erscheinung so seine Gedanken an Ida kreuzte. Er konnte dem Wagen noch lange nachsehen, da dieser unaufhaltsam in die prächtige Straßenperspective hinein rollte, welche sich von der Brücke aus bis in's Herz der Stadt öffnet.

Gedankenvoll stand er dann wieder am Brückengeländer lehnend, während Spaziergänger kamen und gingen, und oben an der Lände sich Bewegung zeigte, als sollte eine Floßfahrt abwärts stattfinden. Bald aber vergaß er Alles um sich her und gab sich schwärmerischen Anwandlungen hin, die sonst selten über ihn kamen.

Die Erinnerung an sein schönes Bäschen, dessen aufblühende Schönheit während ihres Verweilens in Italien ihm nicht entgangen war, hatte sein Herz allerdings gegen andere weibliche Reize seither gewappnet, wobei ein starkes, lebhaftes Pflichtgefühl gegen die Tante mitwirkte, deren Wunsch ihn mit Ida verbunden zu sehen aus verschiedenen Andeutungen früherer Briefe hervorleuchtete. Er hatte sich an den Gedanken, Ida als die seinige zu betrachten, gewöhnt; an irgend welches Hinderniß hatte der vom Glück begünstigte junge Mann noch nicht ernstlich gedacht, und kamen ihm einmal flüchtige Beklemmungen, so schmeichelte ihm seine Eigenliebe mit leichter Ueberwindung von Schwierigkeiten, welche er ja auch auf dem Gebiete seiner Kunstbestrebungen stets mühelos besiegt hatte. Es lag nemlich in Wildhoffs gediegenem Wesen viel von jenem Selbstvertrauen, das an eignes wie fremdes Unglück schwer glaubt, weil es sich stets vor ihm zurückgezogen, weil er überhaupt demselben bis zu jenem Momente noch nicht nahe genug in's Antlitz geschaut. Drum vermochte selbst der Gedanke an den Schwarm der Anbeter seines Bäschens seine Zuversicht nicht zu erschüttern. Ja, oft malte er sich den Moment aus, wie er unversehens auftreten und den Gegenstand so mannigfacher Bewunderung als ihm gebührenden Preis fordern wolle, den ihm Niemand streitig machen könne.

Jetzt aber, auf der Brücke dorten, blühten ihm im Anblicke des unten wallenden Stroms jene glücklichen Sommerwochen wieder auf, welche er auf der Tante Landsitz verlebt. Da sprang wieder vor ihm das wilde Stadtkind, die kleine, sommerbraune Iba auf der grünen Matte, — da hob der Wind ihr fliegendes Röckchen, da sie über die Heuhaufen setzte, bis er selbst, der herangereifte Jüngling, gleich dem zehnjährigen Mädchen sich im duftigen Berggrase wälzte. Und die kleine Iba wandelte vielleicht eben jetzt als hochgestaltete Jungfrau wieder dorten, um sehnsuchtsvoll des Vetters zu gedenken, den sie noch fern wähnte.

Er wollte den wohlthuenden Gedanken festhalten. Seltsamer Weise aber konnte er es nicht. Schattenhaft, kühl anschauernd ging es plötzlich über sein Gemüth, ja selbst seinen Körper fröstelte es, als deckten Wolken die warme Maiensonne. Was flog ihn so mit einem Male an? Was kam beklemmend über ihn?

Wirkten Herberts Reden nach?

Herbert stand nicht mehr an seiner Seite. Andere hatten dessen Platz an der Brustwehr eingenommen. Man sprach laut ringsum; das Wasser unten rauschte lauter. Wildhoff achtete nicht darauf; er war eine Beute der seltsamen Empfindung. Und diese gestaltete sich rasch zu dem Gefühle einer nahen Gefahr, als träte etwas Feindseliges an ihn heran, als nahe ihm finster sein Geschick.

Wie etwas Greifbares erschien ihm das Gefühl, das ihn so plötzlich überkommen hatte, ohne daß er sich irgend welche äußere Veranlassung auch nur denken konnte.

Da klang ihm eine fremde Stimme und ein ihm wohlbekannter Name in's Ohr.

„In der That, förmlich eine blonde Ausgabe von Ida Luckner!" sagte Jemand hinter ihm.

Wildhoff wandte sich rasch um. Von wem konnte diese kurz vorher von ihm selbst gezogene Parallele angewandt werden?

Ganz in seiner Nähe standen einige junge Herrn von stutzerhaftem Ansehen, dabei zwei Offiziere, von welchen einer in dunkler Artillerieuniform mit nachlässig eleganter Haltung sich auf Säbel und Brückengeländer stützte.

Fünftes Capitel.

Handelt von einigen Cavalieren, einem gelehrigen Pudel und vier schönen Pferden.

Es ist nichts Ungewöhnliches auf einer Brücke, über welche der mobische Corso einer Hauptstadt führt, aristokratischen Stutzern und flanirenden Officieren zu begegnen oder auf Gruppen junger Cavaliere zu stoßen. An heitern Tagen des Frühsommers bietet sich da treffliche Gelegenheit, bekannten und unbekannten Schönen bewundernde oder musternde Aufmerksamkeit zu bezeugen. Und diese lassen es niemals daran fehlen, zu besagtem Zwecke vorüber zu wandeln.

Die Gruppe, auf welche Hermann Wildhoff jetzt prüfende Blicke warf, schien sich aus zufälliger Begegnung gebildet zu haben. Die Herren waren in lebhaft heiterer Unterhaltung begriffen, ohne auf ihre Umgebung Acht zu haben. Nur hie und da warfen sie Blicke die lange Straßenperspective entlang nach den Spaziergängerinnen, die daher oder vorüber kamen. Arm in Arm, schlank wie ein Pappelpaar standen die beiden jungen Cavaliere in Civil, der eine sehr blond, der andere sehr braun, fast schwärzlich. Beide spielten mit ihren zierlichen Stöcken in den freien Händen, klopften sich hie und da die Bekleidung ihrer dünnen Beinsäulen gelinde aus oder maßen absichtslos die ansehliche Länge derselben. Der dritte im Kreise war ein etwas stark in der Breite gerathener Cürassierofficier mit dickem, rothen Gesichte, das den Ausdruck biderber Gutmüthigkeit und etwas gröberer Sinnlichkeit trug. So bot er in seiner Erscheinung einen auffallenden Gegensatz zu dem Vierten im Bunde, dem Artillerieofficier, welcher das eine Bein auf den Sockel der Brückenrampe gestellt hatte und in vornehm nachlässiger Haltung und ungesucht interessanter Tournüre sich dabei leise hin und her bewegte.

Seine dunkle Uniform schien vom feinsten Geschmacke gewählt, seine schöne geschmeidige Gestalt auf das Vortheilhafteste zu zeigen. Leuchtend hob sich das Gold der Epaulets auf derselben ab und die mattvergoldete Säbelkoppel umspannte den untadeligen Wuchs. Diesem entsprechend und ihn krönend, saß ein Kopf auf dem Halse, dessen männliche Schönheit allenthalben auffallen mußte. Der Offizier nahm eben seine Mütze von dem Scheitel, ließ sein Augenglas fallen und strich sich durch die braunen Locken, so daß Wildhoff eine weder zu hohe noch zu breite Stirne übersah, welche mit der fein und scharf gezeichneten Linie dichter Brauen über einer geraden griechischen Nase abschloß. Die ausdrucksvolle Schönheit des untern Gesichtes wurde durch den ins olivenfarbige spielenden Teint nicht verdunkelt, sondern vielleicht nur noch gehoben. Der Bart, ein dunkler Henri quatre im Style des zweiten Kaiserreichs mit vortheilhafter Modification, gab dem Gesichte viel militairische Würde. Er war über der Oberlippe an den Enden etwas aufgestrichen, geflockt statt zugespitzt und paßte so zu dem Zusammenschluß der beweglichen, wellenlinigen Lippen, um dem nachdenklichen Ausdruck den Reiz des Interessanten zu geben. Auch bei gröberen Formen hätte das dunkle, melancholische Feuer der Augen und der sinnige Ernst seiner Miene den jungen Offizier zu einer anziehenden Erscheinung gemacht. So wirkte jedoch alles zusammen, um seiner Persönlichkeit das distinguirte der Vornehmheit zu geben, welche auch durch Haltung und Bewegung sich in ausdrucksvoller Weise geltend machte.

Wildhoff hatte Zeit genug zu diesen Beobachtungen. Denn die Herren, welche da am Brückengeländer beisammen standen, sprachen lebhaft und heiter und beachteten seine Nähe nicht. Die ungewöhnliche Schönheit des Artillerieoffiziers konnte ihm natürlich nicht entgehen, aber sie wirkte nichts weniger als einnehmend auf ihn. Die Gestalt, die ihn unwillkürlich an eine Romanfigur, einen Graf Leicester oder Fersen erinnerte und jenen militairischen Elegants am Hofe der schönen Kaiserin Eugenie glich, hatte für ihn nichts Bestechendes. Wildhoffs Miene drückte Alles eher als Zufriedenheit aus, da er seine Augen forschend, fast finster auf dem Offizier haften ließ, gleichsam mit der zurückgehaltenen Frage im Blicke: wer sich da erlaube, von seiner schönen Cousine zu sprechen.

Unterdeß hatte die Unterhaltung der Vier ihren lebhaften Fortgang; ohne daß Wildhoff darauf achtete — denn nicht einmal seine gereizte Stimmung hätte ihm erlaubt auf das Gespräch zu horchen — schlug ihm nur hie und da ein Name ins Gehör.

„Und wer ist denn die blonde Ida?" fragte der Cürassier mit langsamer und etwas schwerfälliger Aussprache. „Wer war denn diese Schöne im Wagen, die Euch also ebenfalls auffiel?"

Die beiden Herren im Civil zuckten mit den Achseln und der Blondin meinte:

„Eine Fremde jedenfalls!"

„Köstlich! Du verdienst das Hubertuskreuz für die Auskunft, Leinberg!" erwiderte der Cürassier. „Wollen die Beide als Lions gelten und können einer so zierlichen Gazelle nicht auf die Spur kommen."

„Der furchtbarste Löwe ruht jagdmüde an Deiner Seite, lieber Schönthal!" sagte der schwärzliche Cavalier zu dem Cürassier, indem er einen Seitenblick nach dem Artillerieoffizier warf, der sich an dem Gespräche wenig betheiligte. Schönthal aber entgegnete mit affectirt theilnahmsvoller Wärme:

„Erwin?! Erwin schmachtet."

„Warum schmachtet Erwin?" fragten die beiden Langen gleichzeitig im nämlichen Tone, indem sie auf den schönen Offizier niederblickten.

„Erwin schmachtet nach einem hochländischen Pathmos . . ."

„Seiner mütterlichen Freundin zu Buchberg," fiel der Blondin ein. „O Poveretto! Die heilige Vehme hat ihn wohl für immer von da vertrieben!"

„Und rachedürstend erkennt er in dem ruppigen

Flößer horten wohl einen seiner furchtbaren Vehmrichter," meinte der mit den schwarzen Haaren.

Der Geneckte dagegen hörte alles mit Gleichmuth an und antwortete nur mit einem verächtlichen, wegwerfenden: Hm! indem er sich den flockigen Schnurrbart durch die Finger gleiten ließ. Dagegen übernahm der dicke Schönthal des Cameraden Vertheidigung, indem er sagte:

„Auch die jungfräuliche Freundin hat ein Pathmos im Oberlande."

„Schon bezogen?"

„Vorläufig nur auf wenige Tage."

Als ob gelangweilt durch eine Unterhaltung, deren Gegenstand er selbst war, nahm der schmucke Artillerieoffizier, noch immer schweigend, sein Glas vor die Augen und sah in der Richtung des Flusses bei Seite, so daß die Gestalt des Architekten in seine Sehlinie trat. Gedankenlos starrte er in das fremde etwas verfinsterte Gesicht; das sich eben noch mehr zu verdüstern schien. Etwas in demselben mochte ihn einen Augenblick lang fesseln. Dann aber ließ er gleichgültig und nachlässig sein Glas wieder fallen und wandte sich zu seinen Freunden im Kreise, ohne jedoch sein Schweigen zu brechen.

Viele Spaziergänger kamen jetzt vorüber, Herren und Damen, darunter manche, denen die Blicke der Stutzer folgten. Einige verblühte Schönheiten in einem Aufzuge, der die neueste Mode noch karikirte, entlockten dem langen schwärzlichen Herrn den Ausruf:

„Wie neckisch!"

Die Freunde sahen sich mit unterdrücktem Lachen an. Der Blondin erläuterte aber die Bemerkung seines Genossen mit den Worten:

„Sporn macht jetzt Studien im romantischen Mittelalter!"

„Oft interessant und lohnend," versicherte mit Kennermiene der Cürassier. „Uebrigens seht doch die hübsche Bonne mit ihrer prächtigen Büste! Ah, — sie reißt beim Anblick Erwins die Kinder herum! Sie wendet verlegen um! Teufel auch — wie sie in üppigster Kraft dahinsteigt! Aber," fuhr er fort, „ist es denn mit diesem Erwin auszuhalten? In der schönsten Carriere, voll glücklicher Aussichten, der erklärte Liebling unserer großen Welt, von uns Allen beneidet, von den Männern gefürchtet, von den Weibern vergöttert, unterhält er eine so blasirte und verdrossene Laune, wie ein abgelebter Pahlschah."

„Der verwöhnte Undankbare!" scherzte der lange Blondin, welcher Leinberg genannt worden war, und fiel plötzlich in einen andern Ton. „Achtung! Die kleine runde Adele Waldburg! Sie hat Erwin schon erkannt! Wie sie dabei aufblüht!"

Die Herren setzten sich in Positur, um eine junge Dame von kleiner Gestalt zu grüßen, welche mit einer Gesellschafterin auf dem Trottoir der anderen Brückenseite daherkam und in der That nicht ohne erröthende Befangenheit den Gruß zu erwiedern vermochte. Als sie vorüber war, meinte der dicke Schönthal:

„Freilich kann sie sich mit der junonischen Jda nicht messen, — auf dem letzten Hofball ging sie Dir kaum an's Herz, Erwin. Du sahst tief auf sie nieder."

Diese Aeußerung schien beim Geneckten die Zunge endlich zu lösen.

„Hm!" machte er wieder. „Gräfin Adele steht dennoch so hoch in den Aesten ihres Stammbaums, daß man hinsieht, wie der Fuchs in der Fabel."

„Cur, amice?" fragte der blonde Leinberg.

„Fabula docet: die Trauben hängen zu hoch!"

„Na, na, na, na!" begann der Sporn genannte

Cavalier. „Deine Actien steigen dafür rapid. Man hat Beispiele . . ."

„Daß ein Graf Sporn, ein Graf Leinberg, ein Baron Schönthal die Hand einer Waldburg gewinnen könnte, nicht aber ein unbedeutender, armer, einfacher Lieutenant von der Artillerie!" versetzte der schöne Offizier, indem er mit beiden Händen seinen Schnurrbart über die Wange strich.

„Jetzt kokettirt er noch," spottete Graf Sporn. „Der unbedeutende, arme, einfache Lieutenant von der Artillerie, der mehr vermag, als irgend ein Mann im Staate."

„Oh!" sagte der schmucke Offizier gedehnt, um einen ablehnenden Zweifel auszudrücken, jedoch mit kaum unterdrücktem Lächeln.

„Zum Mindesten," warf jetzt der dicke Schönthal ein, „steht die Sache bei den Damen so: Dich, Erwin, liebt man, — uns vielleicht heirathet man."

„Besser, man heirathete mich und liebte Euch!"

„Wie corrupt! Welche Grundsätze! Mit solchen Prinzipien wirst Du noch fürchterlich werden," fluthete auf Erwin ein. „Wo treibst Du noch hin?"

„Man hat einigen Ehrgeiz!" sagte er dann, nur halb scherzend.

„Und einiges Talent!" setzte Graf Sporn hinzu.

„Koloffale Jronie!"

„Monſtröſe Beſcheidenheit!" entgegnete dem Artilleriſten der blonde Graf Leinberg.

„Scherz bei Seite," fing jetzt der dicke Schönthal an. „Erwins Beſcheidenheit zeigt, daß er ſchon feſter ſitzt, als wir ahnen. Es ging verdammt ſchnell mit Dir! Seit Henke's Entfernung — vorahnend trateſt Du in ſeine Schuhe zu Buchberg — kann ſich Niemand des Einfluſſes rühmen, den Du ausüben könnteſt. Haſt vor Jenem noch den Vortheil voraus, ein Landeskind zu ſein. Nütz' ihn bei Zeiten, ſei klug! Du kannſt viel Gutes ſchaffen, noch mehr Schlimmes verhüten."

„Zugegeben, wenn Alles ſchon ſoweit wäre, als Ihr vorausſetzt," ſagte der Artillerieoffizier. „Nun, was giebt's denn da?" fragte er dann, über die Brückenrampe blickend.

„Ah, die kleine literariſche Kratzbürſte."

„Mit dem langen Trauerſpiel?"

„Nein, mit dem großen Pudel. Und dorten — poffare il monde! — unſere galante Theaterprinzeſſin, die Nobelheim!"

„Da iſt der rothe Linden mit ſeinem Apfelſchimmel auch nicht weit."

„Dort kommt er schon im kurzen Galopp! Oho! Schaut nur, er hopst wie ein Gummiball!"

„Er ist eben ein schlechter Reiter! — Was denkt wohl die Nobelheim darüber?"

So war die Aufmerksamkeit der Herren genügend in Anspruch genommen und ihr Gespräch in die gehörigen Geleise geleitet, aus welchen es nicht sobald wieder gerissen werden mochte.

Unterdeß hatte sich Wildhoff schon aus der Hörweite ihrer Unterhaltung zurückgezogen, sobald er sich seiner nur bewußt geworden war. Er wollte nicht den Horcher machen, und stand verdüstert nachdenklich an der Brüstung der Brücke. So wenig er auch der Reden geachtet hatte, konnte es ihm doch nicht entgangen sein, daß man von seinem Bäschen sprach und den schmucken Artillerieoffizier in Beziehung zu Iba setzte. Peinlich davon berührt, hatte er gute Lust gehabt, die Herren unmittelbar darüber zur Rede zu stellen, als er noch zeitig das Verfängliche, Unzulässige, ja Lächerliche eines solchen Schritts bedachte. Wie wollte er jenen das Recht bestreiten, zu reden, — welchen Grund zur Einmischung bot der Inhalt des Gesprächs? So hatte er eine andere Stelle am Brückengeländer eingenommen und sah mit keineswegs ungetrübtem Gemüthe oder heiterer Laune auf den rauschenden Strom nieder und das Treiben umher. Eins der großen mit Brettern beladenen Flöße kam indeß auf der gespannten Fluth langsam daher geschwommen, von zwei Hochländern bemannt, die ruhigen Blicks dem abschüssigen Canale zusteuerten. Indeß hatte ein junger Mann von kleiner Gestalt und herausfordernder Miene die Gelegenheit benützt, die Gelehrigkeit seines Pudels vor den Zuschauern auf der Brücke in helles Licht zu setzen, indem er oberhalb der Schleuse Steine und Holzsplitter ins Wasser warf, welche das schöne Thier glücklich apportirte, wenn es auch gegen die plagende Wiederholung knurrenden Protest einlegte.

Wildhoff sah zu, ohne bei der Sache zu sein. Er hatte zu viel Stoff zum Nachsinnen und konnte seine peinigenden Gedanken nicht verscheuchen. Und so schien er immer mehr in diese versinken zu wollen.

„Was hatten Sie denn mit dem Ordonnanzoffizier des Königs, dem Herrn v. Leith?" fragte Herberts Stimme.

„Mit Herrn v. Leith?"

„Nun ja, mit dem angehenden Günstlinge dorten, dem militärischen Elegant. Von meinem Platze aus sah ich erstaunt die finsteren, drohenden Blicke, die ihr euch gegenseitig zuwarft. Ich dachte momentan, Sie wollten ihn durchbohren."

„Sie irren sich doch wohl, Herbert," erwiderte Wildhoff ausweichend. „Ich sah den Herrn kaum. Aber sehen Sie doch, wie der Mensch dorten seinen Hund peinigt. Wenn nur das starke Thier ihn einmal packte und in den Strom würfe!"

In demselben Augenblicke, wo der Pudel wieder winselnd einem Holzstücke nachlief, welches von seinem Herrn so ins Wasser geschleudert worden war, daß es von der Canalfluth erfaßt, pfeilschnell in die schiefe Fläche hinunterglitt, lenkte auch das Floß in die enge, abschüssige Fahrbahn ein und schoß mit fürchterlicher Gewalt unter der Brücke weg, so daß die meisten Zuschauer nach der andern Brüstung auf der entgegengesetzten Seite eilten, um nachschauen zu können. Auch Herbert und der Architekt folgten dem Antriebe, die beiden hochländischen Gestalten, welche das unlenksame Floß von schweren Baumstämmen stromabwärts führten, in ihrem Kampfe mit dem tückischen Elemente zu schauen. Jetzt standen die Flößer stramm aufrecht, dann setzten sie mit verdoppelter Wucht die schweren Ruder in Bewegung, gleichsam um dem hinunterschießenden Strom zuvorzukommen, während der Pudel ängstlich und mit heraushängender Zunge am schmalen Kanalrand hinkroch, um sein Ziel nicht aus dem Auge zu verlieren. Denn instinktmäßig hatte das kluge Thier sich nicht der Gewalt des abschüssigen Stromes anvertrauen wollen, und durfte doch auch auf seine Aufgabe nicht verzichten. Plötzlich ein Sprung, — und die Nachschauenden sahen den Pudel auf dem Floß, als dieses unaufhaltsam in den Strudel unten schoß, halb im fliegenden Schaum und wilden Gebrause des Wogenschwalls verschwand, als sei es in der Mitte geborsten, dann aber unter gewaltigem Ruderschlag und Ruck der beiden Flößer auftauchte und sicher über die volle Fluth des unten wieder zusammenfließenden Alpenstromes dahinglitt.

Alles das war das Werk weniger Sekunden.

Erst jetzt bemerkte man, daß der Pudel von dem unfreiwilligen Bade nicht hinweggeschwemmt war, sondern sich wohlbehalten, wenn auch pudelnaß, auf dem Flosse befand, das mit reißender Schnelligkeit seinen Lauf verfolgte. Das kluge Thier schüttelte sich, sah prüfend über den Rand des Flosses in das Wasser, schien aber die Lust zu ferneren Abentheuern in demselben aufzugeben, indem es zu Füßen des Steuer-

manns hinkroch und von da noch einen Abschieds-
blick nach der Brücke hinwarf, bevor das Floß hinter
den Bäumen des Uferhanges den Augen entschwand.

Unterdeß waren unter den Zuschauern schon Aus-
brüche der Heiterkeit erfolgt und hatten sich immer
stärker Luft gemacht. Wie Hohngelächter der Hölle
mochte es dem kleinen Herrn in die Ohren tönen,
da er sprachlos, einer Salzsäule ähnlich, der Entfüh-
rung seines Pudels zusah, ohne sie hindern zu können. Sein Anblick war dabei von so drastischer Tra-
gikomik, daß selbst Wildhoff nicht umhin konnte, laut
aufzulachen. Das Unglück einer sogenannten „kleinen
Kratzbürste" hat leider nichts Erhabenes, sondern
stimmt auch das Mitgefühl zum Humor. So ohnmächtig auch die Wuth des auf so eigenthümliche Weise exproprirten Pudelbesitzers gegen sein
Geschick war, konnte sein Zorn doch um so heftiger
durch das geöffnete Ventil gegen den ersten Besten
sprühen. So nahm seine ohnehin schon herausfor-
dernde Miene einen giftigen Ausdruck an, als er mit
unverschämter Entschlossenheit dem Architekten in der
Art nahe trat, daß er sich demselben gleichsam in
ganzer Figur unter die Nase stieß.

„Herr, ich glaube, Sie lachen!"

„Sie dürfen darauf schwören," sprach Wildhoff auf das Männchen herunter blickend, dessen Gebahren seine Heiterkeit nicht verringerte.

„Und worüber lachen Sie?"

„Zweifelsohne über etwas Lächerliches!"

„Kommen Sie, kommen Sie," sagte jetzt Herbert dazwischen tretend, indem er seine Hand auf Wildhoffs Arm legte. „Der Herr da hat ebenso viele Ursache zum Aerger, als Sie zur Heiterkeit. Da ist jede Antwort vom Uebel, wenn in diesem Fragestyl fortgefahren wird."

Bei Herberts Anblick war der kleine Herr einen Schritt zurückgetreten, hatte eine weniger unhöfliche Haltung und eine mürrisch verlegene Miene angenommen, während die beiden Freunde nur noch ihre Hüte lüpften und dann ohne Weiteres stadtwärts in die Straße hineingingen.

Der Auftritt bereitete dem Architekten wenig Sorge und hatte die gute Wirkung, ihn seinen peinigenden Grübeleien zu entreißen und die Ursachen zur Verstimmung in den Hintergrund seiner Seele zu drängen. In der Annahme, daß der Pudel bei den Flößern gut aufgehoben sei, unterhielten sie sich lebhaft und heiter über den Vorfall und dessen raschen Verlauf, bis sich ihnen die Prachtbauten der Straße aufbrängten und ihre Unterhaltung beherrschten. Wenn nun auch bei Wildhoff während des Geplauders einige nachdenkliche Pausen eintraten, die von der Erinnerung an das ominöse Gefühl beim Anblicke des schmutten Officiers ausgefüllt wurden, kam er doch immer wieder auf den Gegenstand des Gesprächs zurück, übte als Fachmann dabei scharfe Critik, verwarf das decorative Flickwerk und die zweck= und stylose Ornamentik im Einzelnen, während Herbert das malerisch Schöne im Charakter der Straße zu retten suchte.

Gewissenhafte Berichterstattung wird auch die kleinen Vorfälle des Tages, sobald sie zur Entwicklung des Ganzen von Nöthen sind, nicht übersehen, selbst wenn sie dem geneigten Leser einer Erzählung von geringem Belang erscheinen sollten. Und so dürfen wir auch nicht übergehen, daß der Anblick eines Buchladens mit seiner Fensterauslage der Unterhaltung unserer Freunde eine andere Richtung gab, indem Wildhoff sich nach den Verlagsverhältnissen der Stadt erkundigte. Herbert vermochte mit dem besten Willen nicht in einen Lobgesang auszubrechen, Wildhoff aber gestand, daß er noch in Rom ein starkes

Manuscript mit Zeichnungen und Plänen vollendet habe, das er gerade hier erscheinen lassen möchte.

„Es enthält die Resultate meiner Reisen und kunstgeschichtlichen Erfahrungen," fügte er hinzu. „Der Wunsch als Autor aufzutreten, trieb mich noch gestern, am Tage meiner Ankunft, in die Kunstverlagshandlung von Langenbeck —"

„Langenbècque," verbesserte Herbert mit ironischer Bedeutsamkeit, „Langenbècque mit dem Accent grave."

„Also Langenbècque mit dem Accent grave empfing mich mit so lächerlicher Vornehmthuerei, daß ich es vorzog, mich ohne Weiteres wieder zurückzuziehen. Wissen Sie mir keinen andern Verleger?"

Herbert dachte nach und nannte endlich eine junge unternehmende Firma, die selber in letzter Zeit einige Einbuße erlitten haben müsse, worauf Wildhoff erklärte, daß er kein Honorar für's Erste verlange, ja sogar das Wagniß des Unternehmens allenfalls zu decken bereit wäre.

Unter solchen Gesprächen hatten sie die innere Stadt erreicht. Das Pflaster der engen Straßen wird von einer riesigen Race elephantenartiger Brauerpferde zerstampft, welche die schweren Bierwägen in die zahlreichen Kneipen der Stadt befördern. Ein

solches Gespann hielt in einiger Entfernung vor
ihnen und das Wiehern und Stampfen der gewalti=
gen Thiere gellte durch die verkehrreiche Gasse. Da=
bei schlug das Eine sein eisernes Zaumgeschirr so
lange auf den Kamm des andern, bis dieses den
schweren Wagen gewaltsam zur Seite und quer über
die Straße riß, diese in demselben Augenblicke sper=
rend, wo ein Hotelwagen unvorsichtig rasch um die
Ecke biegend daher fuhr. Hoch bäumten die von dem
unerwarteten Hinderniß scheu gemachten Kutschenpferde
auf. Die Wildheit der andern und der Schreck der
eigenen Thiere brachten den Kutscher um alle Fassung
und die im Wagen sitzenden Damen in nicht geringe
Gefahr. Von den Umstehenden, welche sich aufge=
halten sahen, versuchte Niemand dieser Gefahr zu
begegnen, vielleicht weil sie sich so rasch ergeben hatte,
um gewöhnlicher Besonnenheit Zeit zur geistesgegen=
wärtigen That zu lassen.

 Nun aber drängten sich zwei Herren durch; einer
fiel den schweren Brauerpferden in die Zügel, der
andere warf sich entschlossen zwischen diese und jene
des Hotelwagens. Herbert und Wildhoff hatten sich
keine ganz leichte Aufgabe gesetzt; aber sie führten
sie mit Entschlossenheit durch.

Indeß gab von der Angst derer im Wagen kein Laut Kunde; sie prägte sich um so deutlicher in den Zügen und der Haltung der Damen aus. Während Wildhoffs Kraft und Gewandtheit die scheuen wilderregten Pferde zum ruhigen Stehen brachte, war Herberts Aufgabe keine minder schwierige; sie wurde ihm aber jetzt durch den Brauknecht erleichtert, der fluchend, doch sonst mit ziemlichem Phlegma aus dem Bierhause kam, indeß auch der Kutscher vom Bocke seines Wagens herunter gesprungen war.

So konnte Wildhoff an den Kutschenschlag treten und, den erschreckten Damen Muth einsprechend, versichern, daß keine Gefahr mehr vorhanden. Seine Hand lag dabei auf dem Schlage, da eine Bewegung der älteren Fremden deren unzweideutige Absicht zu erkennen gab, auszusteigen, während auf die jüngere der Schreck fast lähmend gewirkt zu haben schien.

Er hatte in ihr die schöne Blondine wiedererkannt, welche ihm heute in den Uferanlagen und damals flüchtig auf einem italienischen See begegnet war. Nun sah er das reizvolle Antlitz unter dem Eindrucke des Schreckens und der Furcht vor sich, die liebliche Gestalt bebend und wie gebannt im Wagen sitzen, an dessen Schlag seine Hand dienstbereit lag. Die ohnehin schwache Farbe ihrer Wangen war verblichen. Bis in die Lippen hinein erblaßt, saß das schöne Mädchen noch bewegunglos, da ihre Begleiterin herausdrängte. Wildhoff fühlte sich ergriffen von ihrem Anblicke.

Als aber ihr Auge dem seinigen begegnete, kam auch dem Gesichte wieder Farbe, in die Gestalt Bewegung. Sie erhob sich von ihrem Sitze und berührte die dargebotene, stützende Hand nur so viel, als unbedingt nöthig schien. Vielleicht schwankte deshalb ihr Fuß beim Aussteigen und zitterte ihre eigene Hand so sehr, daß er sie zur bessern Stütze fester fassen mußte. Darüber kehrten die vom plötzlichen Schreck zum Herzen gedrängten Blutwellen so mächtig zurück, daß auf den eben noch so bleichen Wangen eine lebhafte Röthe aufblühte.

Der älteren Dame half Herbert aus dem Wagen. Diese gab ihrem Dankgefühle den Ausdruck, welchen die Bildung in solchen Fällen wählt und sprach zu Wildhoff gewendet noch von gehäufter Verpflichtung, als sie von einem des Weges kommenden Fiaker unterbrochen wurde, in welchem ein Herr mit langem, schon ergrautem Haare neben Foliantenschichten saß und in einem Octavbande las. Das junge

Mädchen hatte sich mit einem freudigen Rufe zu dem Daherfahrenden gewandt. Erstaunt hob sich das Gesicht des Lesenden und schaute durch die Brille herunter:

„Wie? Irene! Mein Kind!"

Mit fliegenden Worten verständigten ihn die Damen von dem Vorgefallenen, worauf er etwas zerstreut sie an seine Seite steigen hieß, damit er sie sammt seinen Bibliothekschätzen in Sicherheit zu bringen vermöge. Mit Hülfe Wildhoffs saßen auch die Damen bald im Wagen, der auf einen Wink des alten Herrn schon weiter rasselte, so daß den Zurückbleibenden nur noch freundliche Abschieds-Grüße gespendet werden konnten.

Der junge Architekt konnte sich nicht versagen, dem davoneilenden Wagen noch einige Blicke nachzuwerfen, als er mit Herbert weiter ging.

„Wer mögen sie sein?" kam unwillkürlich dabei von seinen Lippen.

„Ihre Heimath liegt jenseits des Thüringerwalds," antwortete Herbert. „Uebrigens könnten Sie Ihre Wißbegierde bei dem Hotelkutscher befriedigen, der dorten beschämt den Rückzug antritt."

Wildhoff sah bei Seite und erwiederte nichts, bis Herbert wieder anfing:

„Den Tag merken Sie sich."

„Schon wieder prophetische Anwandlungen?" fragte Wildhoff.

„Die Ereignisse werfen manchmal ihren Schatten voraus, sagt ein englischer Dichter."

„Um so besser, — so darf ich hoffen, daß das kleine Abentheuer keinen Schatten nachwirft," bemerkte der Architekt.

„Und unserm Geplauder entrückt bleibt," fügte Herbert hinzu. „Gut. Immerhin dürften Sie den Tag im Kalender anstreichen."

„Gewiß. Habe ich doch einen Freund wiedergefunden," sagte Wildhoff verbindlich.

„Und einen Feind gewonnen."

„Einen Feind? Ich? Wieso? — Mein Weg bringt mich kaum mehr mit diesem höfischen Offizier zusammen, und ich werde den seinigen sicherlich nicht kreuzen."

Wildhoff sprach dies mit mehr unmuthiger Erregung, als er an den Tag legen wollte. Zu seinem Erstaunen aber sagte Herbert:

„Abgesehen von Herrn von Lelth hat Ihnen die Pudelaffaire einen Gegner erweckt."

„Die kleine Kratzbürste!" lachte Wildhoff. „Sie machen mir wirklich bange."

„Auch ein Schnakenstich kann wehe thun und manchmal gefährlich werden."

„Und wer ist denn die Schnake?"

„Ein Bruder vom Gänsekiel, Planet und Trabant."

„Von wem?"

„Vom untergehenden Stern und der aufgehenden Sonne."

„Ah, ich verstehe!" rief Wildhoff. „So bezeichnen sich ja zwei Ihrer offiziellen Dichtergrößen, der bescheidenere natürlich in Erwartung heftigen Widerspruchs. Gehören Sie nicht auch zu einem der hiesigen literarischen Kreise, zu den Hirn- oder Harmlosen, oder — wie nennen sie sich doch — zu den Molchen, welche sich von den illustrirten Blättern dem Publikum in den interessantesten Stellungen immer wieder in Erinnerung bringen lassen?"

„Nein, ich gehöre nicht zur Compagnie," antwortete Herbert. „Wollen Sie jedoch einmal Ihrem Portrait ebenfalls begegnen, kann ich Sie mit dem Compagniemaler bekannt machen."

„Danke verbindlichst," erwiderte Wildhoff lachend. „Aber daß Sie sich in dieser Vereinsamung gefallen, lieber Herbert, ist mir doch unbegreiflich. — Ha! Ich wittere Bierluft!" unterbrach sich jetzt Wildhoff plötzlich. "Hätte Lust zu einem Glase. Wie ich sehe, ist ja da frischer Bock ausgeschrieben! Was meinen Sie?"

Sie waren nämlich vor einem Wirthsgarten angekommen, aus welchem zu dieser Mittagsstunde mißlautender Saitenklang und Gesumme von Menschenstimmen hörbar ward. Herbert zögerte. Des Wirthshauslebens war er längst entwöhnt, dessen Trubel ihm zuwider. Nach kurzem Bedenken aber sagte er:

"Sei es darum. Sie haben Recht, die Zeit bis zur Ankunft Ihrer Tante dem öffentlichen Leben zu widmen. Sie können hier ein Stück davon kennen lernen. Vielleicht auch machen Sie Bekanntschaften, die für Ihre Zukunft wichtig sein können. Treten wir ein!"

Und sie traten ein.

Sechstes Capitel.

Der Leser wird in einen geistreichen Kreis eingeführt und mit einigen sonderbaren Käutzen bekannt gemacht.

So waren denn unsere Freunde in den mit gambrinischen Düften erfüllten Raum eingetreten. Der mit Kies bestreute Boden, einige Bäume mit schattenwerfenden Kronen, mehrere leere Fässer und viele Tische und Bänke im Style der Pfahlbauten waren die hervorragendsten Bestandtheile desselben.

Die Gesellschaft zeigte jene originelle Mischung, welche solchen Biergärten ihr eigenthümliches Gepräge giebt. Männer und Frauen verschiedenen Alters und Standes saßen an den culturlich interessanten Tafeln in harmloser Gleichheit beim schäumenden Krug. An problematischen Naturen, an catilinarischen Existenzen fehlte es so wenig, als an den Pfeilern der staatlichen Ordnung und Civilisation. Freuten sich doch selbst Excellenzen hier ihres Lebens und frischen Trunks, und der Kies knirschte ebenso unter den

plumpen Sohlen des Holzhauers, der sich seinen Maß-
krug an der Schenke füllen ließ, als unter dem zierlichen Sockel der schlanken Beine des Oberſthofmar-
ſchalls Grafen Casperlati, der mit überſtrömendem
Bockglaſe ſeinem Platze zuwandelte, während ein Gelehrter, den wir mit Stolz den unſern nennen, mit
einem ſtumpfen Böotier um die Wette zur Quelle des
köſtlichen Labetrunks drängte.

Zwiſchen den Gruppen von Offizieren, Künſtlern,
offiziellen und nichtoffiziellen Dichtern und Gelehrten,
ſchoben ſich wetterbraune hexenartige Rettigweiber
durch, um den Appetit nach ihrer verführeriſchen
Waare zu reizen. Ein großer Tiſch war der ernſten
Themis geweiht und vom höchſten Gerichtshof des
Landes dicht beſetzt, — ein anderer von ſogenannten
Bachurſcheln in Männerhüten und Bauernjacken eingenommen, Weſen, die als Individuen des ſchönen
Geſchlechts conſtatiren zu können, ſelbſt der gewiegteſte
Menſchenkenner Zweifel gehabt hätte. Nachdem ſie
am Vormittag in den unterirdiſchen Canälen und
Bächen der Stadt am großen Civiliſationswerk mit-
gearbeitet hatten, waren ſie jetzt zur Sieſta gekommen,
um in gebildeter Geſellſchaft ihr Mittagsbier einzu-
nehmen.

Schon beim Vorüberkommen an den verschiedenen Tischen konnte man je nach ihrer Besatzung mehr oder minder geistreiche Gespräche hören: militärische über Pferde und Tänzerinnen, juristische über Interessante Fälle und das beste Sommerbier, proletarische über Gends'armen und Prügeleien, und poetisch-philosophische über durchgefallene Dramen, Gott, Welt und Nichts. Dazu flennte aus einer Ecke eine kurzathmige Clarinette, quiekte eine unglückliche Geige und jammerte eine maltraitirte Harfe, in deren Saiten ein weiblicher Ossian rücksichtslos eingriff: zusammen eine sehr anregende und ergreifende Musik, für welche die zahnlose Einsammlerin, von den anwesenden Schöngeistern Mignon genannt, manchen seltsamen Lobspruch einerntete.

Das erste bekannte Gesicht, welches dem Architekten aufstieß, war das vertraulich herübergrüßende des krummbeinichten Fridolin, eines alten Dieners seiner Tante, bei welchem er schon mehrmals, ohne sich zu erkennen zu geben, nach der Rückkunft der Frau von Luckner gefragt hatte. Fridolin saß bockschmausend nahe der Musik bei anderen Herren Bedienten und gab dem Eintretenden unaufgefordert durch einige leichtverständliche Zeichen mit der Hand Kunde, daß noch „nichts" zurückgekommen sei. Er grüßte überhaupt viele der vorüberkommenden Gäste, besonders wenn sie etwas langes Haar und weiche eingedrückte Filzhüte trugen, weil er solche als Dichter zu erkennen glaubte, die er von den Abendgesellschaften seiner Herrin her begünstigte. Denn er glaubte steif und fest und erzählte es oft seinen Herren Collegen, daß einer dieser Dichter das schöne Lied auf ihn gedichtet habe: „Ein frommer Knecht war Fridolin ꝛc."

„Na, Fridolin, wer waren denn die?" fragte ein Livreebedienter in Blau, indem er ein Rettigblatt in den Mund schob.

„Die?" fragte Fridolin. „Der eine war der Dr. Herbert und der Andere — ja, der war ein anderer. Prinz August, eine Prise!"

Prinz August, vielmehr dessen blaue Livree, gab gravitätisch die Prise herüber und schielte dabei nach seinem Nachbar mit gelbem Kragen, der eben wieder einen festen Zug genommen, was den Blauen zu der Aeußerung veranlaßte:

„Noch keinen Rausch, Graf Sporn? Man ist doch nach Fürst Ramstein der größte Lump von uns allen!"

„Prinz August ist und bleibt ein Grobian,"

meinte der Gelbkragen und wandte sich, ohne diesen dabei anzusehen, an Fridolin: „He, ist's noch nichts mit dem guten Freund meines Langen?"

„Mit wem?" fragte Fridolin verwundert zurück.

„Na, mit dem schönen Leith?"

Fridolin machte eine sehr geheimnißvolle Miene, zuckte die Achseln, verzog die Nase beim Schnupfen ganz erschrecklich und sagte dann:

„Hm! hm! da ließ' sich viel sagen. Der Herr von Leith gilt Alles beim König und — andern Leuten."

„Die Haberfeldtreiber," bemerkte jetzt der Gelbkragen in die Mündung seines Kruges hinein, „die Haberfeldtreiber haben nichts darnach gefragt, was er gilt, sondern was er werth ist."

Bevor Fridolin sich von seinem Staunen über so unehrerbietige Aeußerungen erholen konnte, fühlte er eine schwere Hand auf seiner Schulter, so daß er sich verwundert umkehrte. Ein Mann von kräftiger Gestalt, die in eine Dienstmannsblouse gehüllt war, beugte sich vom Nebentisch herüber und hatte sein, von einem prächtigen schwarzen Vollbart halb verstecktes Gesicht, dem alten Fridolin ganz nahe gebracht.

„Ah, Wendel!" sagte jetzt dieser, den Mann erkennend. „Was macht denn die Thekla?"

„Ihr Arm wird so zu sagen besser," erwiderte die kräftige Baßstimme des Andern. „Aber sagt mir doch, Fridolin, welcher von Beiden war denn der Dr. Herbert?"

„Der Blonde war's. Warum?"

„Darum so zu sagen," erwiderte der Andere, nicht unwirsch, indem er seine Hand von der Schulter des alten Fridolin abließ und nach der Richtung hinschaute, wo sich der Dr. Herbert mit seinem Freunde an einem schwachbesetzten Tische niedergelassen hatte. Die Züge des Schwarzbärtigen, der sich wieder auf seinem Platze zurecht gesetzt hatte, hellten sich auf, seine dunkeln durchbringenden Augen schienen freundlich zu leuchten, während er musternd nach dem Tische hinübersah, wo nächst den zuletzt Angekommenen noch vier Herren saßen, die bereits in lebhaftem Gespräche mit denselben begriffen waren. Nachdem seine Blicke eine Zeit lang auf dem Gesichte Herberts geweilt hatten, hielten sie Musterung in dem kleinen Gesellschaftskreise jenes Tischs, wobei der Schwarzbärtige halblaut vor sich hinsprach:

„Ah, der alte Professor Holzmann, großer Physiker, braver Herr, so zu sagen gute Gesellschaft. — Und der Gerichtsrath Brand mit seinem halbgrauen

Fuchsbarte, hat so zu sagen eine spitzige Feder, auch gute Gesellschaft. — Und wer ist denn der mit seiner Nas' und Brille? Richtig, der witzige Notar Wolf, alles noch gute Gesellschaft. — Gott sei Dank, der Langenbeck sitzt nicht da, ist überhaupt noch nicht da: so zu sagen halb und halb." Und der Schwarzbärtige nahm einen mäßigen Schluck und wiegte die breiten Schultern, als wolle er damit andeuten, daß er da nicht traue. Als er nun den Kopf etwas vorbeugte, um an den vielen Häuptern vorüber den vierten an jenem Tische zu erkennen, einen feingekleideten Herrn von mittlerem Alter und müdem, schlaffem Wesen, zogen sich plötzlich seine dicken Brauen finster zusammen, der aufgeworfenen bärtigen Lippe entrang sich ein zwischen den Zähnen heftig hervordröhnender Fluch: „Himmeldonnerrr —— der auch da —— Herrgott! — —" Und seine Faust fiel zitternd vor Erregung auf die rohe Wirthstafel, an der er saß, so daß sein Krug auf dem erschütterten Bord wankte.

Unsere Freunde befanden sich unterdeß in lebhafter Unterhaltung mit der kleinen Gesellschaft, die den „Einsiedler" Herbert angerufen und zum Niedersitzen eingeladen hatte. Wildhoff hatte sich rasch in seine Umgebung gefunden. Den Herren war der verstorbene Ministerialrath von Luckner eine wohlbekannte Persönlichkeit gewesen, worüber sich ein für dessen Andenken rühmliches Gespräch entspann, das den gemeinsamen nur individuell modifizirten sarkastischen Zug in den Mienen der beiden Juristen Lüge strafen zu wollen schien.

Als man aber von den schönen Abenden bei Frau v. Luckner zu sprechen begann, in deren Salon sich die Crême der Bildung begegne, fingen allmälig die neckischen Geister ihr Spiel an. Nicht, daß auch nur ein Hauch von Satyre die allgemein verehrte Dame und ihr Haus traf. Man nahm nur Veranlassung, sich im Allgemeinen in ironischen Bemerkungen und kaustischen Sätzen zu ergehen.

So setzte der Gerichtsrath Brand nach einem guten Schlucke sein Bockglas nieder, blies seinen rothen Bart auf und begann zu Wildhoff gewendet also:

„Sehen Sie, die Bildung hat bei uns so rapiden Fortgang genommen, daß wir älteren Leute noch Bildungsreisen in lichtere Regionen machen müssen, um mit der jüngeren Generation gleichen Schritt halten zu lernen. Auch in diesen würdigen Räumen —" und er umschrieb mit der Hand einen feierlichen Bogen — „auch in diesen Räumen wird jetzt das Nationalgetränk und der urgermanische tacitische Rettig nur noch mit der Weihe höherer Bildung genossen, die sich am Tische der Erleuchteten oder leuchtenden Geister zu ihrer Culmination gipfelt."

„Und wo ist dieser Geistertisch?" fragte Wildhoff, auf den Ton eingehend.

„Wie?" rief der rothbartige Gerichtsrath mit der Stimme eines grollenden Donar. „Wie? Sie empfinden nicht, in welcher Atmosphäre Sie athmen? Werfen Sie einen ehrfurchtschauernden Blick hieher" — und damit deutete er auf die nächste stark besetzte Tafel — „hieher, wo um den untergehenden Stern und die aufgehende Sonne eine wahre Milchstraße glänzt von Planeten, Trabanten und unterschiedlichen Schweifsternen, deren dunkle Laufbahn der Forschung noch den weitesten Spielraum läßt."

An der bezeichneten Tafel saßen neben zwei oder drei Dichtern viele Dichterlinge, alte und junge, und einige wenige Gelehrten. Unter den ergreifenden und anregenden Klängen der oben gedachten Musik und unter dem Einflusse des edeln Trunks, der hier zur castalischen Quelle ward, nahm die laute Conversation immer gediegeneren Fortgang an der Geistertafel. Wildhoff ließ sich einige Träger bedeutenderer Namen zeigen, — es befanden sich deren am Tische, — dann hatte er auch Lust, die Dii minorum gentium kennen zu lernen. Nun war ihm besonders eine höchst redselige Person aufgefallen, die mit hohl singendem Tone im hohen Pathos Dinge sagte, welche an Trivialität mit dem Aussehen des Redners wetteiferten.

„Wer ist denn der kleine Mann dorten?" fragte Wildhoff, und der Gerichtsrath antwortete:

„Es sitzen viel kleine Männer und große Geister da. Erklären Sie sich näher, räthselhafter Autor."

„Nun der, entschuldigen Sie, mit der — Baderphysiognomie." —

„Acu rem tetigisti!" sprach beifällig der Gerichtsrath. „Den Nagel auf den Kopf, mein Sohn! Das ist nemlich unser Casimir Bader, Aesthetiker, Dichterling, Weltweiser und — last not least — Schwiegersohn."

„Ah!" machte Wildhoff. „Dieser entspricht wenigstens meiner Vorstellung nach seinen Arbeiten. Hören Sie nur, er spricht wie ein Buch —"

„Mit Eselsohren!" ergänzte der Notar Wolf, der seine Brille auf der orientalischen Nase zurecht schob.

„Er und Göthe haben der Welt schon viel Schönes verkündet!" setzte mit gutmüthiger Ironie der alte Professor Holzmann hinzu, während der vierte Herr mit dem milden Aussehen blöde lächelte.

Casimir Baber war nemlich in der That eine merkwürdige Erscheinung, eine Art lebendiger Anthologie ohne Quellenangabe. Er trug mit der höchsten Feierlichkeit Dinge als eignes Neugedachtes vor, die — wie man zu sagen pflegt — nahe daran waren, nicht mehr wahr zu sein. Mit „Ich und Göthe" fing er gewöhnlich an, und hörte mit dem „Walten der sittlichen Weltordnung" auf. Dazu trank er Bock und aß Rettig. Jedesmal erinnerte er treuväterlich an ein von ihm verfaßtes Buch über ebendieselbige Weltordnung, eine Art poetisch-philosophisches Polizeireglement mit Aussprüchen der (wie er im Vorwort sagt) größten Dichter und Denker aller Zeiten und Nationen, als: Moses, Confucius, Plato, Jesus, Muhamed, Dante, Shakespeare, Göthe und Casimir Baber. Drei Viertheile des Buches sind gefüllt mit seinen eignen gereimten und ungereimten Aussprüchen. Eine seiner gewöhnlichsten Wendungen in Schrift und Wort war: Göthe ist hierin ganz mit mir einverstanden! wobei der bescheidene Mann annahm, daß ihm Göthe nur zufälliger Weise mit seinen Gedanken um sechszig Jahre zuvorgekommen sei. Und Casimir Baber fand nicht nur Leute, die ihm dabei nicht in's Gesicht lachten, sondern er nahm eine höchst bedeutende Stellung ein und ward von Manchen wirklich für einen vernünftigen Menschen gehalten.

„Sehen Sie ihn und seine Freunde genau an," sprach der Gerichtsrath Brand wieder zu Wildhoff, während Herbert schweigend zuhörte. „Denn Sie werden uns allen noch im Salon Ihrer liebens- und verehrungswürdigen Tante begegnen. Gleich der zweite nach ihm ist sein Freund Dr. Spatz, großer Mann, aber nur im Geheimen, schreibt ebenfalls Critiken und bemißt z. B. den Werth einer Novelle nach der Anzahl der in ihr vorkommenden Schurken. Eine geistreiche Auffassung, nicht wahr?"

— „Sicher!" antwortete Wildhoff heiter und fragte weiter: „Und wer ist der nervös Aufzuckende zwischen Beiden, der stets mit den Blicken forschend umherspäht, ob sich Jemand über ihn moquire?"

„Er setzt nemlich voraus, daß es immer geschehe — unser eben so großer als bescheidener Dichterphilosoph Balthasar Schnipfer."

„Treibt mit seinen Nachbarn in Compagnie eine

schwunghafte Leimsiederei," ergänzte wieder der Notar Wolf und rümpfte leicht die orientalische Nase.

„Un barbier rase l'autre nemlich im circulus vitiosus," erläuterte noch der rothbärtige Gerichts= rath und fuhr etwas geheimnißvoll fort: „Nun ist noch eine ganze Reihe von unbekannten Größen da, vor denen man sich in Acht nehmen darf."

„Warum denn?"

„O Sie! Jeder von diesen ist mit einem mör= derisch langen Trauerspiel bewaffnet, das er Ihnen unversehens auf die Brust setzt: lies — und stirb!"

„Der Teufel auch! Gefährliche Leute das!" rief Wildhoff lachend.

„Und der dort mit den achtzehn blonden Haaren auf dem Kopfe ist Musiker, und componirt den gan= zen Tag an ihrer Lyrik herum," sagte der Notar Wolf. „Aber 's klingt nicht schön."

„Lieber Freund," sprach jetzt der Herr mit dem müden, schlaffen Wesen in vollem Ernst und bedeut= sam: „er hat eine ganz vermögliche Frau."

„Das ist gut und ächt, lieber Bankier Berbelli!" entgegnete der Gerichtsrath und legte dem Verblüff= ten die Hand auf die Schulter. „Er hat eine ver= mögliche Frau, also ist er ein genialer Musiker!"

Banlier Berbelli machte Miene zu erröthen, aber er steckte dafür seine Cigarrenspitze in den Mund und hüllte sich in eine duftige Rauchwolke ein, indem er manchmal mit einem scheuen, ängstlichen Blicke über die Köpfe der Menge im Biergarten hinschaute, als wolle er Musterung halten, ob keine Gefahr drohe.

Unterdeß kamen immer neue Curgäste aus der Stadt im Garten an. Während der Saison „im wunderschönen Monat Mai" wird nemlich der Bock vor dem Mittagstisch als Cur gebraucht und ist, mit Bockwürsteln oder Rettig ohne Philosophie genossen, keine unangenehme Cur. Unter diesen neuen Ankömmlingen steuerte einer mit allen Segeln auf den Tisch der leuchtenden Geister los. Als aber hier schon Alles zum Erdrücken voll saß, legte er bei der Tafel unserer Freunde bei und warf Anker. Kaum hatte er sich niedergesetzt, als er auch schon eine seltsam zusammengeduckte Haltung annahm, gleichsam als hole er zum Sprunge aus und wolle sich unversehens auf einen der Umsitzenden losstürzen. Dabei erinnerte sein glatt geschorner Kopf mit der gedrückten Stirne, dem unscheinbaren Näschen und dem großen Raume von da bis zum Munde fast an einen wohlrasirten Gorilla und damit an die trostlose mo-

verne Lehre unserer Abstammung. Sein Gesichts-
ausdruck verkündete jedoch weniger Wildheit, als be-
rechnende Klugheit und Verschmitztheit, die nur durch
besserwissenden Vorwitz und naive Eitelkeit zum Theil
wieder aufgewogen schienen.

„Schaffen's Radi, schöner Herr!" sagte jetzt
eines der Rettigweiber herbeisegelnd.

Der schöne Herr, den wir eben beschrieben, ließ
sich ein Bischel junger Rettige geben und aus der
Salzflasche der Alten sich eine Portion auf die nasse,
rohe Tafel schütten, worauf er eifrig aß und trank
und dabei stets sein Gegenüber, den alten Physiker
Holzmann anschaute, als wolle er ihm jeden Augenblick an die Kehle springen.

Dieser aber hatte lange auf einen norddeutschen
Freund, Herrn v. Helming, gewartet, der mit seiner
Familie aus Italien zurückkehrend in der Stadt weilte,
um die Museen und Bibliotheken derselben zu benützen, da er ein eifriger Archäolog und Kunstfreund
war. Beide hatten sich zum Bock verabredet; jedoch
hatte der zerstreute Herr v. Helming offenbar die
Bestellung vergessen, und so schied jetzt der berühmte
Physiker Holzmann aus dem Kreise. Mit den Blicken
einer Meerkatze sah ihm der „schöne Herr" nach und

tupfte dann seinen Freund Casimir Baber am andern Tisch auf das Rückgrath; wodurch dieser eben in einer sinnlich anschaulichen, höchst geistreichen Darlegung des Gangs der Weltgeschichte unterbrochen wurde. Casimir Baber wandte sich ärgerlich um, erheiterte dann aber sein Gesicht und sagte leise:

„Ah, Langenbècque! Ist er fort? Sollte ihm nichts ahnen? Haben Sie nicht bemerkt, daß er mich und meinen Onkel Papst einigemal sehr ahnungsvoll ansah? Es könnte Alles schief gehen, wenn er den Schlag bemerkte, bevor er getroffen."

„Gewiß!" sprach Herr Langenbècque eben so leise. „Nur nichts merken lassen. Haben Sie den Artikel schon geschrieben? Der Arthur Maier und Dr. Spatz die ihrigen auch fertig?"

„Nein, leider nicht! Es fehlen noch Daten!" bedeutete der Andere. „Aber wir müssen sie schaffen. Mein Schwiegervater hat den Minister schon bearbeitet!"

„Das ist gut!" sagte der schöne Herr Langenbècque grinsend und stieß mit seinem vollen Bockglase mit dem Andern 'an. „Es wird schon gehen, das kenne ich genau!"

Die Beiden nickten sich einander vergnügt zu

und jeder nahm dann an dem Gespräche seines Tisches lebhaft Theil. Casimir Baker zeigte nun seiner Tafelrunde den Gang der Weltgeschichte, indem er eine Reihe wellenförmiger Bewegungen mit der Hand machte; sein Freund aber suchte an Herberts Tisch sich des Gesprächs zu bemächtigen, indem er die Andern stets mit den Worten unterbrach: „Das wissen Sie nicht, das kann ich Ihnen ganz genau sagen!" und nun gewöhnlich lange Geschichten, besonders von Engländern, erzählte, die er genau kannte, wobei er aber regelmäßig vor der Pointe Halt machte und zu etwas Anderm absprang. Auf diese Weise erfuhr man, daß er heute ebenfalls von dem berühmten und reichen Archäologen und Kunstkenner v. Helming, den er noch nicht persönlich gekannt habe, besucht worden sei; er habe dem berühmten und reichen Manne gleich angesehen, daß er aus Braunschweig sein müsse, nur sich nicht denken können, daß es der berühmte und reiche Archäolog und Kunstkenner v. Helming sein möge. Jetzt fragte der Gerichtsrath Brand:

„Wie konnten Sie denn dem Berühmten und Reichen ansehen, daß er aus Braunschweig sei, Herr Langenbècque?"

„So was sehe ich gleich!" entgegnete der Kunst=

verleger Langenbècque mit dem Accent grave, der seine eigene Art sich auszudrücken hatte.

„Weswegen kam er denn zu Ihnen, dieser Berühmte und Reiche?"

„Um mich zu sehen!"

„Seltsames Vergnügen!" meinte der Notar Wolf.

„O!" sprach Herr Langenbècque bedeutsam und wichtig. „Das ist noch gar nichts! Da kamen schon Engländer eigens aus London und Oxford, blos um mich zu sehen!"

„Für Physiologen, Anhänger der Darwin'schen Theorie, muß das auch interessant sein!" bemerkte der Notar Wolf und ließ sich ein neues Glas einschenken.

Herr Langenbècque machte ein höchst ernsthaftes Gesicht, nahm dann einen Schluck aus seinem Glase, und zog es hierauf vor, die Aeußerung nicht als eine Grobheit aufzunehmen, sondern als Witz zu belachen. Um ihn jedoch von seinem gefährlichsten Thema, den Engländern, abzubringen, ließ man sich den berühmten und reichen Archäologen und Kunstkenner v. Helming aus Braunschweig als Unterhaltungsstoff gefallen, und Wildhoff fühlte sich dabei unwillkührlich an den älteren Herrn im Fiacre erinnert, der das reizende blonde Mädchen in seinen Wagen aufgenommen.

Jedoch verdrängten charakterisirende Bemerkungen der beiden Juristen jede andere Unterhaltung, während noch immer neue Gäste kamen.

„Ah!" machte eben Notar Wolf mit der orientalischen Nase. „Seht doch, unser großer Pair kommt spät, doch er kommt. Kennt Ihr das neueste Beispiel seiner patriotischen Opferwilligkeit?"

„Nichts kennen wir."

„Sein großmüthiges Geschenk an den zoologischen Garten?"

„Welches Geschenk?'

„Ein paar halbgewachsener gesunder Trichinen, Männchen und Weibchen. Auch das Zuchtthier, von dem sie erzielt, will er in einem neuen Anfall von Gemeinnützigkeit für die hiesigen Stadtarmen schlachten lassen. Ja, lacht nur, — ich sagte ja immer: Unser Pair, Baron Prözel, hat seinen Ehrgeiz!"

„Mehr Geiz als Ehre!" belehrte der Banquier Berdelli, während der kaustische Notar, an Herbert gewendet, fortfuhr:

„Sie wissen, er hielt sich zwar das ihm zu theure Organ seiner Partei nicht, strich aber doch, um das seinige zur Bekämpfung der Gegner zu thun, das Abonnement von zwei Gulden jährlich für das Oppo=

fitionsblättchen aus seinem Budget und las dafür das Exemplar, das sich sein Bedienter hielt, aber in starrer Consequenz — umsonst. Er hat sich selbst dessen gerühmt."

„Und er ist nebst Baron Buchberg der reichste Parvenu im Lande", bemerkte Gerichtsrath Brand zur Erläuterung.

„Ist Baron Buchberg also nicht von altem Adel?" fragte Wildhoff.

„Von uraltem", erwiderte Notar Wolf. „Wir haben dieselben glorreichen Ahnen, — sehr berühmte Namen."

„So? Welche denn?"

„Abraham, Isaak und Jakob!" sprach mit großer Trockenheit der kaustische Notar mit der orientalischen Nase, der also auch kaustisch gegen sich selbst war, was bei sarkastischen Menschen nicht häufig ist.

Der besprochene Pair, Baron Prözel, kam unterdeß langsam mit lächelnder, höchst selbstgefälliger Miene zwischen den Tafeln her, um Unterkunft zu suchen. Herr Langenbècque machte ihm zum Aerger der Andern Platz. Kaum aber hatte sich der Baron mit seinem zufriedenen Lächeln leutselig niedergelassen, als Herbert sich zum Abschiede erhob, da sein Freund

Wildhoff noch bleiben wollte. Es war ein Mißverständniß, wenn Baron Prözel meinte:

„Bleiben Sie doch sitzen, Herr Doktor — sans gêne!"

„Sans gêne bleibe ich stehen!" sagte Herbert trocken, ließ gegen Wildhoff noch einige Worte fallen und ging, mit unerquicklichen Erinnerungen und Empfindungen.

Denn Wolf, Langenbècque und Banquier Berbelli nicht minder, als Baron Prözel hatten zu seiner Partei gehört und gleich viel für die gemeinsame Sache geleistet — nämlich Nichts. Auch mit Wildhoff war er nicht ganz zufrieden, am unzufriedensten aber mit sich selbst. War es nicht egoistische Schwäche gewesen, dem wiedergefundenen Freunde geselligen Hang zu verleiden, dessen freudige Erwartungen durch Klagen und Warnungen zu verkümmern oder ihm Erfahrungen aufzudrängen, die nur eine Lehre für den, der sie gemacht! Warum unsern bittern Kelch noch Andere kosten lassen! Um wie viel männlicher, stumm die Last tragen, als sie in Worten auf andere Schultern abzuladen, — schweigend dulden, als das Leid auszukramen vor fremden Augen, denen damit der Genuß des Augenblicks vergällt wird!!

Als Herbert in solcher Stimmung das Lokal verließ, ahnte er nicht, daß ihm Blicke von ausdrucksvoller wohlwollender Freundlichkeit folgten. Der Schwarzbärtige in der Dienstmannsblouse sah ihm nach, und seltsam klebete der freundliche Ausdruck die dunkeln feurigen Augen desselben. Nun fragte er über den Tisch hinüber:

„Fridolin, kommt Dr. Herbert auch zu Euch in Gesellschaft?"

„Nein! Was fragt Ihr mich denn immer, da Ihr ihn ja besser kennt, als ich!" sagte Fridolin ärgerlich über die Unterbrechung seiner lauschenden Andacht, gegenüber der Gartenmusik, welche mit großem Ausdruck: Mein Liebchen, was willst Du noch mehr! spielte. Der Schwarzbärtige aber erwiderte:

„Ich hab' mich einmal mit ihm so zu sagen unterhalten, aber dabei sah keiner den andern recht. Ist der Herr, mit dem er heute kam, gute Gesellschaft?"

„Warum denn nicht!" meinte Fridolin.

„Nun, er sitzt aber jetzt in gemischter, so zu sagen sehr gemischter," erwiderte der Schwarzbärtige. „Der schöne Langenbècque, der Prözelbaron, der Universitätsbaber, und dort auch noch der kleine Pudelmeier: gemischte Gesellschaft das."

Damit hatte sich der Schwarzbärtige wieder aufgerichtet und warf seine Blicke spähend über die besetzten Tische hin nach jenem neben der schattigeren — nunmehr stark gelichteten — Geistertafel. Wie ein Falkenpaar auf seine Beute stürzten sich plötzlich die dunkeln durchbringenden Blicke auf ein Gesicht nieder, das nun inmitten lachender Mienen mit einem Male verblich und leichenblaß vor sich niedersah.

„Sind Sie krank?" fragte Baron Prözel sein Gegenüber, den Bankier Berbelli. „Trinken Sie Bock, das kurirt Alles."

Bankier Berbelli antwortete nicht; sonst fiel auch sein Aussehen Niemanden auf. Und als er endlich sich wieder aufzusehen getraute, war das schwarzbärtige Gesicht verschwunden. Allmälig kehrte ihm nun die Farbe wieder, obgleich ihm der Trunk nicht mehr munden wollte. Er siedelte mit seiner Gesellschaft an die schattigere Geistertafel über, deren Lücken auszufüllen waren, — und traulich rückte man zusammen. Der Neffe der Frau von Luckner fand hier sehr günstige Aufnahme, und der leichte Anschluß verfehlte auf Wildhoff seines angenehmen Eindruckes nicht. Dieser blieb freilich kein ungemischter, als noch der kleine Mensch erschien, der ihm auf der Brücke mit lächerlich drohendem Wesen unter die Augen getreten war, und welcher nun die Hand rücksichtslos auf eine der geweihten Schultern seiner Genossen stemmte, um sich in eine der Lücken auf der Bank zu schwingen. Auf der Stirne des Kleinen lag Aerger und Verdruß, die beim Anblick Wildhoff's und bei den Fragen nach dem Pudel — einer hier offenbar vermißten Persönlichkeit — noch gesteigert wurde. Trotz dieser Symptome gereizter Stimmung legte ihm Gerichtsrath Brand die Hand auf die Schulter, und indem er Wildhoffs Eigenschaft als Neffe der Frau v. Luckner hervorhob, stellte er den Kleinen in seiner Weise mit den Worten vor:

„Und dies ist unser eben so großer als geistreicher Arthur Meyer, Rechtskandidat und Feuilletonist, auf den wir mit Stolz — herunterblicken."

Herr Arthur Meyer biß sich bei dem Lächeln der Andern auf die Lippen, daß sie bluteten, neigte beim Anhören des Namens der Frau von Luckner leicht den Kopf und saß dann schweigend bei seinem Bocke, indem er nur hie und da einen häßlichen Blick nach dem Architekten warf, welchen aber dieser zu beachten keine Zeit fand, da er auf die Unterhaltung der Andern merkte. Wildhoff machte dabei die Bemerkung, daß die Lachwürdigkeit eines Witzes stets nach Stellung und Bedeutung seines Erzeugers bemessen wurde. Was von einer Sonne, einem Fixsterne ausging, wurde pflichtschuldigst mit einer vollen Salve begrüßt, und besonders die Jüngeren hielten sich dann verbunden, im Lachen mindestens die Zersprengung eines Bauchmuskels zu riskiren. Sterne zweiten Ranges oder Planeten lockten noch ein anständiges halbes Lachen hervor, Trabanten und Schweifsterne wurden ob ihrer Laune nur noch belächelt, und die witzigsten Bemerkungen von unbekannten oder nicht anerkannten Größen mit dem feierlichsten Schweigen aufgenommen.

Im Uebrigen genoß Wildhoff des leichten Umganges ohne Splitterrichterei. Die humoristische Auffassung Brands und Wolfs schienen ihm den scheinbar harmlosen Treiben gegenüber berechtigter, als Herberts Strenge. Dessen Verbitterung und schroffes Wesen gab im Kreise zu einigen Bemerkungen Anlaß. Man meinte, er verleugne seinen Namen, aber sein herber Ernst schicke sich nicht für einen noch jungen Mann. Man zuckte die Achseln — nicht verächtlich, im Gegentheile — aber man zuckte doch. Wenn auch Wildhoff jeder üblen Nachrede energisch entgegengetreten wäre, war er doch jetzt selbst geneigt,

Herberts Pessimismus als Maske seiner Ungeselligkeit anzusehen.

Indessen fing der Gerichtsrath Brand schon eifrig an zu gähnen über Casimir Babers Vorträge von dem Walten der sittlichen Weltordnung. Dann nahm der Kunstverleger Langenbècque irgend welchen Anlaß, auf die Engländer zurückzukommen, worauf aber Baron Prözel rasch einfiel:

„Denken Sie nur, da traf ich heute Morgen ganz unvermuthet einen alten Stubenfreund, der ein berühmter Mann geworden ist." Baron Prözel rühmte sich gerne huldreichst gelehrter Bekanntschaften und fuhr fort: „Ich fragte: bist Du's, lieber v. Helming? Ja, ich bin's, theurer Baron! sagt er; aber darf ich Dich, den Pair dieses Reiches denn noch duzen? — O, sag' ich, Du, lieber von Helming, darfst es sans gêne!"

„Und darüber war er sehr beglückt?" fragte der rothbärtige Gerichtsrath, hinter der Hand gähnend.

„Sehr!" antwortete der Baron mit seinem ewigen Lächeln.

Nun aber erlaubte sich Wildhoff die Frage, ob denn dieser vielbesprochene Herr v. Helming nicht mit zwei Damen, Gattin und Tochter, reise.

„Das kann ich Ihnen ganz genau sagen," antwortete Herr Langenbècque „Er reist mit drei Damen!"

Wildhoff ertappte sich auf einer falschen Voraussetzung. Aber sein Interesse an dem reichen und berühmten Archäologen wurde erst völlig abgeschwächt, als Casimir Baber mit seiner hohlklingenden Stimme feierlich erklärte:

„Zweifelsohne befindet sich unter diesen Dreien — die Dreizahl kehrt immer wieder — Herr von Helmings gelehrte Schwester, große Verehrerin meiner Schriften, schrieb mir darüber schon geistsprühende Briefe. Und Göthe ist ganz darin mit mir einverstanden, daß geistreiche Frauen . . ."

Worin Göthe wieder mit Casimir Baber ganz einverstanden war, erfuhr jedoch Wildhoff nicht mehr, da er sich zu den Andern am Tische wandte, welchen die Erwähnung des Herrn von Helming Anlaß gegeben, auf Frau von Luckner und deren Haus zurückzukommen. Welche Beziehungen zwischen seiner Tante und dem Braunschweiger Archäologen bestehen könnten, war ihm völlig unerklärlich. Uebrigens wurde der Liebenswürdigkeit der alten Dame und der vollendeten Schönheit der Tochter dabei alles Lob gespendet. Ja selbst Herr Langenbècque gab zu, daß

Ida von Luckner nebst seiner eigenen ältesten — Pauline — das schönste Mädchen der Stadt sei; nur habe seine älteste — Pauline — eine viel tiefere Bildung in England genossen, denn die Engländer, das wisse er genau, seien . . .

„Leben Sie wohl, meine Herren!" fiel hier der Gerichtsrath Brand ein, indem er sein Glas leerend den Bart wischte, seinen Hut lüpfte und vor seinem eiligen Rückzug nur noch die Worte sprach: „Ich danke Ihnen für Ihre ebenso anregende als belehrende Unterhaltung." —

„So macht er's immer!" fing jetzt die kleine Kratzbürste, Herr Arthur Meier, burschikos an. „Wenn er sich gemopst hat, fährt er ab und dankt für die unterhaltende und belehrende Gesellschaft."

Dann fügte er noch einen kleinen Nachruf an, der von seiner Gereiztheit gegen den rothbärtigen Gerichtsrath beredtes Zeugniß ablegte, worauf er jedoch mit einem schielenden Blicke nach Wildhoff in seiner Rede fortfuhr:

„Im Uebrigen sind wir wohl Alle damit einverstanden, daß Fräulein von Luckner eine vollendete Schönheit ist und auch in Hofkreisen dafür anerkannt wird."

Wildhoff gab sich alle Mühe, um seine Bewegung zu verbergen, aber sie entging den beobachtenden Blicken Herrn Arthur Meiers nicht. Und dieser sprach weiter:

„Der schöne Leith — er ist ein Schulfreund von mir — zeichnet das reizende Mädchen sehr aus. Man will ja in seinen häufigen Besuchen —"

„Besucht denn dieser angehende Günstling das Haus meiner Tante so häufig?" fragte jetzt Wildhoff einfallend, indem er zwar an sich hielt, jedoch sein Gesicht fest auf das des kleinen Mannes heftete; denn er hatte aufschauend bemerkt, daß dessen Blicke lauernd nach ihm gerichtet gewesen. So sehr sich Wildhoff auch Mühe gab, ruhig und gelassen zu bleiben, trat doch der unwillig fragende Ausdruck seiner Miene zu deutlich hervor, als daß er nicht von Allen bemerkt worden wäre.

Boshaft leuchteten die Augen des Kleinen, indem sie den Blick Wildhoffs fest aushielten, während er mit vielsagendem Ausdrucke erwiderte:

„Wir wissen es ja Alle, daß Herr von Leith nie bei den Abendgesellschaften der verehrungswürdigen Frau fehlt, wohl auch sonst im Hause viel verweilt und — gern gesehen wird."

Wildhoff sah in die Mienen Casimir Babers, Langenbècques, Prözels, und verfärbte sich. Als sich seine Blicke dann wieder zu der kleinen Kratzbürste zurück wandten, schwebte ein Lächeln voll Bosheit und widerlicher Befriedigung auf den Lippen derselben. — In diesem Momente haßte er den Menschen und glaubte an Herberts Versicherung, daß er an ihm einen nicht ungefährlichen Feind gewonnen.

In seiner Erregung trank er den Rest seines Glases aus, und erhob sich von seinem Sitze, um sich an der Schenke selbst dasselbe wieder füllen zu lassen. Er hätte es lieber der boshaften Kleinheit an den Kopf geschleudert und bereute, nicht mit Herbert den Platz verlassen zu haben. Und doch konnte er sich jetzt nicht zurückziehen, ohne daß es aufgefallen wäre. Vor der Schenke, wo ein ziemliches Gedränge stattfand, da Viele auf das „Anstechen" eines frischen Fasses warteten, hatte sein erregtes Blut Zeit, sich abzukühlen, während er wartete. Eben hatte er sein Glas hingereicht, um es füllen zu lassen, als eine kräftige Baßstimme in seiner Nähe in die Worte ausbrach:

„Ah! Eine schöne Dame — Fräulein v. Luckner."

Der Teufel auch! dachte Wildhoff und sah sich

nach dem Sprecher rasch um. Im Knäuel neben ihm standen Kellner und Kellnerinnen mit stupiden Gesichtern, und andere Gestalten, die nicht viel geistreicher aussahen. Er mochte keinem der Umstehenden die Worte zutrauen, nahm sein gefülltes Glas und wollte sich unangenehm erregt auf seinen Platz zurückziehen, als ihm ein schwarzbärtiger Mann in einer Dienstmannsblouse entgegentrat.

„Herr," sagte dieser. „Haben Sie nicht das Medaillon hier verloren? Ich habe es eben vom Boden aufgehoben."

Wildhoff griff rasch an seine Brust, wo er ein kleines, in Gold gefaßtes photographisches Bild seines schönen Bäschens trug. Dort fehlte es, und ein Blick auf das Medaillon des Dienstmannes überzeugte ihn, daß es das verlorene sei.

„Eine schöne Dame," fing der schwarzbärtige wieder an, „so zu sagen ganz geschaffen zur Hofdame."

Schnell nahm Wildhoff das kleine Portrait entgegen, indem er nicht ohne Unwillen fragte:

„Kennen Sie denn die Dame?"

„O! Hab' ich doch so manchmal Billets besorgt," war die Antwort, welche dem Architekten das Blut heiß in's Gesicht trieb. Die Auskunft schien nicht unverfänglich. Der Bärtige aber fuhr ganz gelassen fort, indem er mit einem eigenthümlichen Lächeln eine andere Photographie aus der Tasche zog, die Umhüllung entfernte und sagte: „Die wär mir übrigens lieber!"

Wildhoff warf einen unwilligen, verächtlich flüchtigen Blick hin — und prallte überrascht zurück. Er erkannte in dem zweiten Portrait die holde Blondine, der er schon mehrmals in ominöser Weise begegnet war. Hastig fragte er:

„Um Gotteswillen, Mann, wie kommt Ihr zu dem Bilde?"

„So zu sagen durch Photographie," war die Antwort.

„Was wollt Ihr dafür?"

„Es ist nicht feil, Herr. Andere haben ihre Heiligen, mir soll es so zu sagen ein Amulet sein."

Wildhoff schaute den schwarzbärtigen Mann jetzt forschend an und sprach, indem er sein Glas auf eine Tischecke stellte:

Es liegt mir sehr daran zu erfahren, wie Sie in Besitz der Photographie kamen und wer die junge Dame sei."

„Das Letztere," hub der Schwarzbärtige an, in-

ben er das Blatt wieder einwickelte, in sein Notizen=
buch legte und zu sich steckte, „das Letztere kann ich
Ihnen nicht sagen, als daß sie so zu sagen ein Engel
sein muß. Ich führte sie mit ihrer Mama zu einem
berühmten Photographen und bat mir, als einzigen
Lohn, ein Exemplar ihres Bildes aus, was sie mir
auch nach kurzem Besinnen gewährt hat. Der Pho=
tograph hat mir es heute überliefert, denn er kennt
mich so zu sagen als ehrlichen Mann."

„Und" — fragte Wildhoff — „nun zeigen Sie
die Photographie dem nächst besten Fremden?"

„Nur Ihnen."

„Warum mir?"

„Weil Sie ein Freund von Dr. Herbert sind
und weil ich vorüberkommend in der Eile noch sah,
daß Sie das Fräulein und ihre Mutter so zu sagen
aus großer Angst erlöst hatten."

Das ruhige und sichere Wesen des Mannes machte
auf den Architekten Eindruck, so daß er fast befangen war,
als er jetzt seine Börse zog, ein Stück Geld heraus=
nahm und mit den Worten hinreichte:

„Hier, guter Freund, ein kleines Trinkgeld für
die ehrliche Zurückgabe des Medaillons."

„Nichts für ungut," sagte jedoch der Schwarz=

bärtige, „behalten Sie Ihr Geld. Weil aber so zu sagen ein Gefallen des andern werth ist, so möcht' ich Sie bitten, Herr, den Dr. Herbert von mir zu grüßen und ihm zu sagen, daß wenn es Noth thut, ich für ihn so zu sagen durch's Feuer gehe. Und weiter: wollen Sie nicht dem Bankier Berbelli, der neben Ihnen am Tische sitzt, sagen, daß ich ihm gerne ein frisches Glas bringen wolle, wenn er noch Durst habe?"

„Warum denn nicht!" sprach Wildhoff, erstaunt über das sonderbare Begehren und Wesen des Schwarzbärtigen. „Aber ich bleibe dann noch immer in Ihrer Schuld."

„Nicht im Geringsten," erwiderte der Dienstmann. „Wir sind dann so zu sagen quitt!"

Und nun nahm Wildhoff sein volles Glas, verabschiedete sich von dem Dienstmanne und begab sich wieder an seinen Platz, wo er jetzt mit völliger Unbefangenheit sich niederließ, da der Auftritt mit dem Schwarzbärtigen ihn der Einwirkung vorhergegangener Reden völlig entrückt hatte. Kaum aber hatte er dem Bankier Berbelli von dem Erbieten des Dienstmannes gesagt, als derselbe einen entsetzten Blick nach der Gegend der Schenke warf, von woher die schwarzbärtige Gestalt sich eben langsam näherte.

Der Arme war leichenblaß geworden, er zitterte heftig und kalter Schweiß stand ihm in Tropfen auf der Stirn. Er hielt sich krampfhaft am Tische, als fürchte er umzusinken. Und doch hatte die schwarzbärtige Gestalt des Dienstmannes, welche ihm jetzt gegenüber stand, nichts Drohendes in ihrer Haltung. Nur die schwarzen Augen funkelten; als er sogar äußerst sanft, freilich mit bedeutsamer Betonung sprach:

„Nun, Herr Berbelli, soll ich Ihnen kein frisches Glas bringen? Sie wollen nicht? — Hm! Nicht wahr? Sie sind ein reicher Bankier, und ich so zu sagen nur ein armer Dienstmann! Das ist der Unterschied."

Die ganze Tischgesellschaft war jetzt in Aufregung gekommen, als sie den reichen Bankier mit allen Symptomen der Furcht und des Entsetzens, sich am Tische anklammern sah. Der Hautkrampf, der beengte Athem desselben, der kalte Schweiß und die fürchterliche Blässe kündeten arge Uebelkeiten an, und endlich sank derselbe kraftlos vom Tische zurück in Wildhoffs Arme, die ihn vor einem Umsinken schützten. Baron Prözel, Arthur Meier und Casimir Baber

aber riefen, der Kerl, der Dienstmann, solle sich entfernen, und Herr Langenbècque herrschte ihm grabaus zu:

„Pack Er sich!"

„Bei Ihnen mag sich manchmal etwas packen," sprach aber der unerschütterliche Dienstmann, — „bei mir packt sich aber so zu sagen nichts! Uebrigens bitte ich um Entschuldigung, meine Herren! Empfehle mich!"

Damit nickte er mit dem Kopfe und ging.

Während nun die Musik „Ach, wie wär's möglich denn?" in rasendem Galopp spielte und im Garten ruhig fortgetrunken wurde, hatte nur der Tisch, wo die Herren Bedienten saßen, thätigen Antheil genommen. Man sprang, um eine Droschke herbeizuholen, während Fribolin sich mit dem Halbohnmächtigen beschäftigte, indem er immer wieder rief:

„Ich dacht' es doch gleich, daß der Sozusagen was anrichtet!"

„Wer ist denn dieser Sozusagen?" fragte Wildhoff, dem man seine Bürde abgenommen.

„Ah!" sagte Fribolin im Eifer und machte mit der Hand eine Geberde, die Alles sagen konnte, am ehesten aber ausdrückte: „Das ist Einer, hu!"

Nachdem der Bankier in die Droschke gebracht war, zerstreute sich auch bald die von dem Vorfalle nicht wenig aufgeregte Gesellschaft mit mannigfachen Vermuthungen. — Wildhoff hatte aber auch außerdem noch Stoff zum Nachdenken genug. Die Art, wie des Herrn von Leith erwähnt worden, machte ihm nun doch Herzklopfen. War er sein Rivale, so war es ein gefährlicher. Auch ein Wort des sonderbaren Dienstmannes machte ihm böse Beklemmungen. Aber mußten die Billets, von denen er gesprochen, nothwendig verfänglich sein? — Nein, nein! das sicher nicht. Stets kam ihm sein Selbstgefühl wieder zu Hülfe, um seine Unruhe zu beschwichtigen, und Zuversichtlichkeit erholte sich leicht von trüben Anwandlungen, die er als Chimären anzusehen gerne geneigt war.

Zum Gleichgewichte seines Gemüths trug nun auch die Erinnerung an die blonde Unbekannte nicht wenig bei. Deren liebe Erscheinung begleitete ihn in die Einsamkeit seines Zimmers und in's Freie, wenn er die Stadt und deren Umgebung durchwanderte. Deren holde Gestalt, von Schrecken durchschüttert, die bebenden Finger in seiner stützenden Hand, schwebte ihm beim Schlendern durch die Straßen oft lebhaft vor, ohne daß er noch eine wirkliche Spur von ihr zu entdecken vermochte. Nicht ohne eine wehmüthige Empfindung sah er ein, daß ihr Name Irene das Einzige bleiben werde, was er je von ihr erfahren würde.

Doch war seine Natur nicht zu trägen, hoffnungslosen Träumereien geneigt. Unmöglichkeiten hing er nicht lange nach, sondern wandte sich stets dem Erreichbaren, der Pflicht zu, für welche er ein lebhaftes Gefühl besaß. Drum wollte er auch die zwiefache Empfindung nicht zu Herzensconflicten anfachen, Collisionen nicht gleichsam nähren. Er gab seinen Gedanken bestimmte Richtung, und schon der durch Eifersucht gestachelte Ehrgeiz wies ihn auf sein vielumschwärmtes Bäschen hin, dessen Bild er sich jetzt mit glühenden Farben ausmalte. Die glücklich Ueberraschte zu umfangen, Braut zu nennen, wie schön stand der Moment vor ihm. Darum hatte er seine Ankunft nicht angekündigt, darum gab er sich auch bei den Nachfragen im Hause der Tante nicht zu erkennen.

So vergingen einige Tage und das Warten verdroß ihn. Wenn der heutige Gang nach der Wohnung der Tante wieder ein vergeblicher, wollte er nach der Sonnenreut im Hochlande aufbrechen. Abends vorher war Regen eingetreten; der Tag war trübe, als er seinen Gasthhof verließ, um dem Hause seiner Tante, und dem dunkeln Verhängniß entgegen zu schreiten, das ungeahnt über der Zukunft seines Leben brütete.

Siebentes Capitel.

Spielt größtentheils in einem Boudoir.

Das Haus, in welchem Frau von Luckner wohnte, war ihr Eigenthum. In einer der schönsten Straßen des elegantesten Stadttheils gelegen, zeichnete es sich durch seine zierliche Form und die wohnliche Behaglichkeit aus, welche schon äußerlich aus jener sprach. Es war nicht groß, wurde nur von der Besitzerin und ihrer Tochter nebst kleiner Dienerschaft bewohnt, und stand wie die meisten Häuser dieser Straße ringsum frei zwischen grünen Anpflanzungen und Blumenbeeten. Gleich den Nachbarhäusern hatte es einen großen parkartig angelegten Garten hinter sich, vor sich nach der Straße zu ein vom Trottoir durch zierliches Gitterwerk abgeschlossenes Vorgärtchen mit reizenden Blumenfiguren auf dem schönsten Rasen, der wieder von den reinlichen Kiespfaden umfaßt war. Die Treppe, welche aus dem untern Saal in dieses Gärtchen führte und welche ein Balkon überdachte, war zu einer kleinen Veranda freundlich eingerichtet, ihre Säulen mit blühenden Schlingpflanzen malerisch umwunden, während seltene Pflanzen in Vasen auf den Treppenabsätzen standen. Auch die Seitenräume, durch welche Wege rückwärts nach dem Hofe und Parkgarten führten, und der Hof selbst waren mit in die Anlagen gezogen, durch Bosquets und Blumengruppen oder blühende Rabatten zu weiteren pleasure grounds umgewandelt, so daß das geschmackvolle Haus im freundlichsten Blumenpark stand und die Augen des Vorübergehenden unwillkürlich anzog. Es verband so die Bequemlichkeit eines städtischen Wohnsitzes mit den Reizen einer Villa, denn auch an dem erfrischenden Geräusche und Plätschern frischen Wassers fehlte es im hintern Park nicht, wo Fontainen und Bassin's die fröhliche Lebendigkeit und die geheimnißvolle Stille des feuchten Elementes zur Anschauung brachten.

Selbst Wildhoff, der doch das schönste in dieser Art schon gesehen, blieb mit Wohlgefallen jedesmal am Gitter stehen, um auf diese kleine freundliche Welt zu schauen, so oft er gekommen war, um nach der Rückkunft der Herrschaft des Hauses zu fragen. War es doch zum Theil sein eigenes Werk, nach seiner Angabe angelegt, da er vor zehn Jahren von Berlin kommend von seiner Tante angegangen worden, seinen Geschmack bei der beabsichtigten Umgestaltung der Räume zu bethätigen. Auch war er in diesen letzten Tagen öfter vorübergekommen, hatte sich jedesmal an dem freundlichen Anblicke geweidet, wenn ihm auch die niedergelassenen Gardinen und Rouleaux an den Fenstern der Wohngemächer schon von ferne Kunde gaben, daß die Herrin des Hauses und deren schöne Tochter noch nicht zurück gekehrt seien.

Heute pochte sein Herz nun mächtiger, als er schon beim Umwenden um die Straßenecke das wohlbekannte Haus sah, dessen Fenster diesmal unverhüllt aus der Ferne leuchteten, ja zum Theil ganz geöffnet standen. Sein scharfes Auge entdeckte schon in ziemlicher Weite, daß im Rahmen eines der geöffneten Fenster Kopf und Büste einer jungen Dame wie ein Brustbild von van Dyk erschien. Er konnte die stolze Schönheit der Formen bereits erkennen, und stärker klopfte ihm das Herz, je eiliger er näher kam.

Und nun, mit einem Male, nickte das schöne Frauenbild freundlich aus dem Fenster auf die Straße.

Hat sie ihn erkannt, dessen Augen nur noch an ihrer Schönheit haften, indem er dem Hause zuschreitet?

Sie erhebt jetzt den stolzen Körper und beugt

sich weit über das Fenstergesims, um dem nachzuschauen, dessen Gruß sie erwiedert hat: ein Kürassierofficier, der auf feurigem Pferde vorüber reitet, es courbettiren läßt und so die Aufmerksamkeit der Schönen zu fesseln weiß. Wildhoff glaubte den dicken Baron Schönthal, den Freund des Herrn von Leith zu erkennen, welchen er vor einigen Tagen auf der neuen Brücke gesehen. Es war keine freundliche Erinnerung in diesem Augenblicke, wo sein klopfendes Herz ihm sagte, wer die Dame am Fenster sei, die seiner selbst nicht achtend, das Ziel seiner Blicke und Wünsche war.

Jetzt zog sie den Körper wieder zurück und saß nochmals wie ein leuchtendes Meisterbild im Fensterrahmen. Sie hielt ein Buch in der Hand, in welches sie hie und da einen zerstreuten Blick warf, um alsbald wieder die dunkeln Augen auf die Straße gehen zu lassen. Die Lectüre konnte sie offenbar nicht fesseln; ihre Aufmerksamkeit war getheilt, und immer schweiften wieder ihre Blicke die lange Straße entlang, als ob sie Jemanden sehnsüchtig erwarte.

Wildhoff konnte nicht länger zweifeln, daß dem so sei. Hatte man ihr seine Ankunft im Vaterlande also hinterbracht? Leicht möglich. —

Jetzt richteten sich eben wieder die dunkeln Augen mit ihrem tiefen Glanze herunter nach ihm und verweilten einen Moment auf seiner Erscheinung. — Es war ihm, als fielen ihm heiße Sonnenstrahlen in die Brust. —

Aber, ach! da wendete sie sich auch schon wieder ab, gleichgültig, als ob sie ihn nicht erkannt, ja seine Gestalt nicht einmal bemerkt habe.

Erst, da er nun ganz nahe gekommen war und sich selbst nicht länger zu halten wußte, so daß er die Hand zum Gruße hob, starrte sie eine Weile erstaunt, ja befremdet herunter, als ob sie sich erst entsinnen müsse, wer der Kühne sei. Dann überflog ihr Gesicht der Ausdruck reinster Ueberraschung. Sie legte das Buch auf das Gesims, erhob sich, und beugte ihre prächtige Büste über die Brüstung, indem ihr ein hörbares „Ach!" entschlüpfte.

Ihr wunderschönes Gesicht hatte sich dabei freundlich erhellt. Wildhoff wußte nun, daß er erkannt war, stürmte völlig auf's Haus los und zog heftig an der Klingel.

Unterdeß bewegte sich die hohe, unvergleichliche Gestalt der schönen Tochter des Hauses mit ruhigem, nur etwas beschleunigtem Schritte über den Teppich ihres Zimmers, auf den Corridor, durch einen Vorsaal mit verschiedenen Flügelthüren, in ein grünes, dämmeriges Gemach, dessen Ausgänge und Fenster mit Portièren und Gardinen von derselben Farbe verhängt waren. Es war ein mit dem feinsten Geschmacke eingerichtetes Boudoir. Alles in demselben paßte und harmonirte im Einzelnen wie im Ensemble. Das Gemach bildete ein Achteck. Die grünen Wände trugen Consolen mit plastischen Figuren, deren Weiß sich außerordentlich lebendig von dem saftigen Grün des Hintergrundes abhob. Außer einem großen Spiegel hingen noch zwei gutgemalte Portraits in reichen, goldenen Rahmen da: ein Herr in Beamtenuniform mit biederem, etwas frostigem Ausdrucke, und eine Dame nach der Mode der dreißiger Jahre unsers Jahrhunderts gekleidet und coiffirt. Diese Dame war von so eigenthümlicher Schönheit, daß ihr Bild mit den Zügen des schönen Mädchens wohl verglichen werden konnte, das jetzt die Portière auseinanderzog und auf den weichen Teppich des Zimmers trat, — nur daß der Ausdruck des gemalten Gesichts weit mehr Geist und Charakter verrieth, als jener auf dem Antlitze der prächtigen jungen Dame.

Die beiden Brustbilder hingen über einem Sekretär, auf welchem sich verschiedene Fächer mit goldglänzendem Bücherrücken zu einer kleinen Bibliothek aufbauten, während auf der obersten Galerie die Broncebüsten unserer classischen Dichter und Musiker standen. Der Deckel des Sekretärs war niedergelassen und seine innere, mit welchem Leder überzogene Fläche diente vortrefflich zum Schreibtische.

Jedoch schrieb die ältere, stattliche Dame nicht, welche schon seit einer Stunde an demselben saß, den Arm auf den zarten Lederüberzug und das Haupt auf die Hand gestützt. Sie war so tief in Gedanken versunken, daß sie den Eintritt der Tochter des Hauses nicht bemerkte. Erst bei dem Rufe „Mama!" warf sie noch einen letzten Blick auf das, was sie so beschäftigte. Es war nichts, als eine einfache Visitenkarte, welche sie jetzt rasch in das Pult schob, wobei sie nicht bemerkte, daß die leichte Karte über den Rand auf den Teppich niederflog, wo sie auch liegen blieb. Dann nahm die Frau ihre Brille ab, als wolle sie mit derselben nicht überrascht werden, und erhob sich aus ihrem Fauteuil zu einer Gestalt, welche jener der Tochter fast noch immer ebenbürtig war an Höhe und schlanker Fülle.

Wer Frau v. Luckner vom Rücken her sah,

würde sie kaum für eine ältere Frau gehalten haben, so wohl hatte sich ihre Figur erhalten, die bei aller Stattlichkeit fast noch immer die jugendliche Geschmeidigkeit früherer Jahre verrieth. Auch ihre Augen hatten noch viel von dem einstigen Glanz, und sie wollte selbst vor der Tochter auf deren frische Schärfe keinen Verdacht kommen lassen, wie das Wegschieben der Brille andeuten konnte. Der blühende Teint ihres Antlitzes war freilich mit den Jahren dahin, aber doch nur einer gewissen milden Blässe gewichen, welche dieses edle, interessante Frauenantlitz sehr gut kleidete. Waren doch die regelmäßigen Formen noch da. Und wenn auch die Zeit manchen Zug hineingegraben hatte, der nicht zur Verherrlichung dieses Gesichtes dienen konnte, so waren noch so viel Spuren von früherer Schönheit geblieben, um auf den einstigen hohen Grad derselben schließen zu können. Es sprach, wie aus dem gut gemalten Portrait, so aus dem gealterten Original, und zwar noch in verstärkter Weise, Geist und Charakter, — freilich auch ein bedeutendes Selbstgefühl, das wenigstens nichts mit gewöhnlicher Fraueneitelkeit zu schaffen hatte. Denn auch der anliegende, kaum merklich gelockte Scheitel trug schon altersgraue Spuren, die leicht verborgen und gemildert werden konnten, was aber Frau v. Luckner nicht im Mindesten einfiel. Dies unverhüllte schwache Grau im schönsten Schwarz ihrer Haare gab diesem Scheitel einen eigenen bläulichen Schimmer, ähnlich dem eines Rabengefieders, so daß das noch immer dichte Haar wie ein Paar Rabenfittiche um das angehende Matronenantlitz herabfloß.

So war Frau v. Luckner noch immer eine gewinnende, anziehende Erscheinung, die auch nichts neben der blendenden, jugendlichen Schönheit ihrer Tochter einbüßte, als sie sich jetzt zu dieser mit der Frage wandte:

„Was ist denn, mein Kind?"

„Wir bekommen unerwarteten Besuch, Mama!"

„Wirklich, Herr v. Leith schon? So frühe!?"

„Nicht Herr v. Leith, — nein, er noch nicht!"

Das schöne Mädchen vermochte kaum ein „leider!" zu unterdrücken. Eifrig setzte sie dann hinzu:

„Aber Vetter Heinrich wird gleich hier sein!"

„Heinrich hier? Heinrich Wildhoff?!"

Frau v. Luckner war sehr überrascht durch diese Ankündigung. Man sah es ihr an. Fast erschrocken blickte sie auf ihre Tochter, welche die Nachricht gebracht. Dann stand sie einen Augenblick lang mit zu Boden gesenkten Blicken. Sie mußte sich die Ankunft des jungen Mannes, den sie einst wie einen Sohn gehalten und der heute noch ihrem Herzen nahe stand, offenbar erst in Gedanken zurechtlegen, bevor sie sich des Wiedersehens freuen konnte. Aber das Gefühl der Zuneigung war noch so mächtig in ihr, daß die Freude zuletzt jedes Bedenken, das sie haben mochte, überwog. Sie durfte nur die nahenden Tritte von der Treppe her hören, und die Liebe zu dem Schwesterkinde, das sie herangezogen, wallte in voller Stärke auf. Mit jugendlicher Raschheit eilte sie unter der Portière hinweg durch die Flügelthüre in den Vorsaal, wo sie einem hochgestalteten jungen Manne in die Arme stürzte — zur großen Verwunderung der außenstehenden Kammerjungfer und des alten Fridolin.

Wie eine Mutter den erwachsenen Sohn begrüßt, so voll Zärtlichkeit war der Willkomm, den jetzt Frau v. Luckner dem zurückgekehrten Neffen angedeihen ließ. Sie hing an seinem Halse, Thränen glänzten in ihren Augen. Ihre Ergriffenheit war um so größer, als sich in ihre Freude noch andere Empfindungen mischten. Eben war sie aus Träumereien geweckt worden über eine ferne, schöne Zeit, —

sie hatte ihre eigene damalige Lage mit der jetzigen ihres einzigen Kindes verglichen, an das Schicksal eines Mannes gedacht, den sie seitdem nicht wieder gesehen, ein Schicksal so ähnlich demjenigen, das ihrem zurückkehrenden Neffen blühen konnte, ja wahrscheinlich bald blühte. Mit wehmüthiger Inbrunst schloß sie jetzt diesen an ihr tiefbewegtes Herz. Was sie dabei empfand, sagten nur ihre Thränen.

„Tante, liebe Tante! — Mutter!" flüsterte auch Wildhoff in der Erregung des Moments.

Dann aber wand er sich los und sah im Raum umher. Ein Wort schwebte über seine Lippen:

„Ida?"

Sie war noch nicht da, die seine Blicke verlangend suchten, aber sie schritt doch jetzt herein — die wunderbare Gestalt des einst so wilden, sonnverbrannten Kindes. Sie kam nicht so eilig, wie die Mutter, aber sie kam doch, und ihre Stimme tönte als Antwort auf seine Frage:

„Hier, Vetter! hier, lieber Heinrich!"

Und damit schritt sie ihm ebenfalls rasch entgegen, reckte ihre schöne Hand hin und sprach mit erhelltem Antlitze und freundlichem Tone:

„Willkommen, Vetter Heinrich, in der Heimath!"

Heinrich faßte nach dieser ihm entgegengereckten Hand, er nahm sie in die seinige — und blieb dann zögernd stehen. Ob versunken in seines Bäschens außerordentliche Schönheit, welche alle seine Erwartungen noch übertraf, so hochgespannt sie auch waren, — ob mit der Empfindung, daß diese schöne Hand zu unbewegt in der seinigen liege? Vielleicht aus beiden Gründen säumte er, den Willkomm zu vervollständigen, welcher seinem Herzen genügt hätte.

„Und nach so langer Zeit nichts als ein freundlicher Gruß?" kam jetzt nach einer Pause über seine Lippen. „Iba, hast Du nicht mehr für mich?"

„Du bist seltsam, Vetter Heinrich!" sagte sie jetzt mit verwundertem Lächeln und leichter Verwirrung. Sie erröthete sogar unter den durchdringenden Blicken seiner großen Augen, und setzte dann, sich rasch ermannend, hinzu: „Was hätte ich zum Willkomm noch zu bieten, das ich meinem lieben Vetter nicht gewähren wollte?"

Und nun lachte sie ihn wieder so unbefangen an, ihre Miene lud so freundlich zum Willkommskusse ein, daß er nicht länger zögern durfte.

Er küßte das schöne Bäschen auf die glühende Wange, die darob nicht höher erglänzte. Denn sein

Kuß selbst war nicht glühend, sondern voll Maß und Anstand, eine nothwendige That der Sitte, ja kühler und zurückhaltender, als selbst die strengste Etikette gefordert hätte. Auch sie küßte den Vetter, — und sein Blut wallte nicht heftiger, sondern schien eher still zu stehen oder zum Herzen zurückzudrängen. Denn ihr Kuß war kalt.

Wildhoff war bleich geworden. Auf seiner Stirne lag ein Schatten. Nachdenklich, ohne ein Wort weiter zu finden, stand er jetzt da.

Frau v. Luckner hatte die Scene mit Aenglichkeit verfolgt und kam jetzt herbei, um des Neffen Hand zu ergreifen und ihn dahin zu führen, wo sie ihre einsamen Stunden zu verbringen pflegte. Und Wildhoff folgte ihr, während Ida nachkam.

Es waren keine freundlichen Betrachtungen, denen Heinrich Wildhoff dabei nachhing. Wie hatte er sich auf diesen Moment des Wiedersehens seit Jahren gefreut! Und nun war derselbe gekommen, aber in seinem Gefolge nicht die freudige Lust, das selige Genügen, sondern die grämliche Sorge, Ungenügen, Enttäuschung. Und doch hatte er niemals vorher so heißes Verlangen nach glücklicher Liebe empfunden, als eben jetzt, wo das wilde Kind von damals in vollendeter jungfräulicher Schönheit vor ihm stand. Diese hohe, schlanke und doch so üppige Gestalt mit den weichen Formen der Glieder, die bei jeder Bewegung so elastisch hervortraten; das von Schönheit und Stolz strahlende Antlitz mit den regelmäßigen Zügen, die sammtartig weichen Wangen mit ihrer gesättigten, herrlichen Färbung, die dunkelverschleierten leuchtenden Augen mit ihren schwärmerisch verlangenden Blicken wirkten zu einem überwältigenden Eindrucke zusammen. Nie war ihm Ida begehrenswerther erschienen, als eben jetzt, wo sie ihm innerlich vielleicht ferner stand, als da hunderte von Meilen zwischen ihnen lagen.

Nun hatte sich Heinrich Wildhoff im Boudoir seiner Tante neben seinen Verwandten in den weichen Kissen eines Ruhesessels niedergelassen. Seine Verstimmung war allzu ersichtlich, als daß sie nicht erkannt werden sollte. Frau v. Luckner durchschaute auch die Ursachen derselben, und theilnahmsvoll, ja fast mit mitleidiger Rührung weilten ihre Blicke auf der verdüsterten Miene des Neffen. Selbst der minder scharfsichtigen Tochter war der Ausdruck der Enttäuschung nicht entgangen, mit welchem der Vetter bei ihrem ruhigen Willkomm vor ihr stand, und sie fand die Huldigung für ihre Person, welche gerade in dieser Art seines Benehmens lag, recht wohl heraus. War sie doch an solche Triumphe ihrer Schönheit schon ebenso gewöhnt, als an andere von entgegengesetzter Wirkung und Erscheinung.

Ida war sich ihrer Reize wohl bewußt. Jenes Selbstgefühl der Mutter, welches freilich von dem feinen Takte der zartfühlenden Frau sehr gemildert war, hatte sich in der geistig nicht so hochbegabten Tochter zu der eitlen Selbstgefälligkeit abgeschwächt, welche solche junge bewunderte Wesen nur zu leicht erfüllt.

Vielleicht um ihren Vetter für die erste Enttäuschung zu entschädigen, vielleicht auch mit dem Verlangen, sich in einem andern Lichte zu zeigen, oder vielleicht auch aus einer wahren Regung ihres im Grunde gutmüthigen Herzens kehrte Ida nun ihre heitere Laune heraus, plauderte unbefangen, scherzhaft vertraulich von dem und jenem, während auch die Mutter in ihr Benehmen jene Herzlichkeit legte, welche ihrem innersten Gefühl gegen Heinrich entsprach und sie unwiderstehlich machte. Er ward über seine Heimreise, den Tag seiner Rückkunft gefragt und ausgezankt, daß er nicht gleich im Hause abgestiegen und sein Erscheinen nach der Sonnenreut berichtet habe, was die Damen natürlich alsbald zurückgetrieben hätte. Als selbstverständlich ward vorausgesetzt, daß er wieder im Hause seine früheren Zimmer beziehen würde, zu welchen noch einige anstoßende gefügt werden konnten. Die Tante eilte sogar gleich hinaus, um Fribolin mit dem Abholen der Effekten aus dem Gasthofe zu betrauen, während auch ein Wort zu der Köchin zu sprechen war.

Zwei liebenswürdige Frauen vermögen viel über den Sinn eines Mannes, und auch Wildhoffs Stimmung und Miene heiterten sich allmälig wieder etwas auf. Er begann die Dinge weniger hoffnungslos anzublicken. Durfte er denn auch erwarten, daß die bewunderte, umflatterte Dame ihn mit der unumschränkten Herzlichkeit der kleinen Iba, die sich auf den Heuschwaden wälzte, empfangen werde? Durfte es das jungfräuliche Mädchen, selbst wenn sie für ihn so innig empfand, wie er jetzt für sie? Und wenn sie ihn bis jetzt noch nicht liebte, konnte er erwarten, daß sein Anblick ebenso überwältigend wirken müsse, als der ihrige? Ein solcher eitler Geck war er keineswegs, wenn er es auch für möglich erachtete, daß sie ihn im künftigen Umgange lieben lerne. War nur ihr Herz überhaupt noch frei, noch nicht gebunden: was rechtfertigte dann seine Trostlosigkeit, was hinderte ihn denn zu erreichen, das er jetzt noch so erstrebenswerth fand?

Wenn wir überhaupt noch nicht verzweifeln, findet unser eigenes Herz stets Trost in tausend Scheingründen, welche seine listig gefällige Sophistik sich selbst vorzaubert. Es ist dies eines der Mittel, uns noch erträglich durch das Leben taumeln zu lassen, bis an sein natürliches Ende. Mit solchem Troste sah auch jetzt Wildhoff der hinausgehenden Tante nach und dann zu dem wunderschönen Mädchen auf, dessen herrliches Antlitz nun freundlich auf seiner Miene ruhte, als ihre Lippen die Worte sprachen:

„Daß Du hier sein könntest, lieber Heinrich, konnten wir auf der Sonneureut nicht ahnen. Daß Du uns aber nicht alsbald Nachricht gabst, ist eine Pflichtversäumniß, die Strafe verdient."

„Wie sollte ich Euch aus dem glücklichen Pathmos vertreiben?" entgegnete er, seine Augen an ihrer Gestalt weidend.

„Pathmos? sagte sie, das schöne Auge aufmerksam in die Höhe richtend. „Die Bezeichnung scheint in Mode zu kommen. Uebrigens entgehst Du Deiner

Strafe nicht und bleibst als unser Gefangener im Hause. Ich werde Dich zur Strafe nicht mehr fortlassen."

„Zu Deiner Strafe, Iba?" fragte er, indem er ihr näher rückte, ihre Hand ergriff und ihr mit einem warmen Blick in die Augen sah, so daß sie dieselben hin und her gehen ließ, bis sie endlich mit Lachen erwiderte:

„Zu meiner Strafe, Vetter? Wie sonderbar! Was hätt' ich denn verbrochen, das so strafwürdig wäre? Man ist doch nur Gefangener zur eigenen Strafe!"

„So wollt ich nur, liebe Iba, Du wärest eine ebenso treue Wächterin, als ich redlicher Gefangener."

„Traust Du mir Talent zur Kerkermeisterin zu? O pfui," sprach sie lachend. „Ich habe ein zu glückliches Temperament, als daß ich mir viel Sorge um meine Gefangene machen könnte. Merke Dir das, lieber Heinrich."

„Bin ich denn auch Dein lieber Heinrich?" fragte er jetzt und seine Blicke schwelgten in ihrem Anblicke, indem er ihr noch näher rückte. „Wenn nicht, nenne mich nicht mehr so, sonst bereue ich noch, daß ich Dich nicht gleich beim Empfange so geküßt habe!" Und er brachte dabei seine Lippen dicht an ihre schönen Wangen.

„Wie stürmisch!" rief sie, indem sie lachend zurückwich. „Eine strenge Kerkermeisterin würde den Gefangenen solche Unbotmäßigkeit büßen lassen."

„Auch den — Vetter?"

„Selbst den Bruder", sagte sie. „Als solchen habe ich Dich schon als Kind ansehen gelernt. Glaube mir, Heinrich, für bruderlose Mädchen ergeben sich doch eine Menge Entbehrungen und Verlegenheiten. Ich habe schon oft andere Mädchen beneidet, denen es an Brüdern nicht fehlt, in deren Gesellschaft man zum Beispiel auch die Parade besuchen könnte. Lieber recht viele, als gar keine! Ich habe deswegen Deine Rückkunft oft sehr ersehnt."

Der Vetter ließ jetzt Iba's Hand unwillkührlich los. In einem Tone, der scherzhaft klingen sollte, sagte er dann:

„Du taugst wirklich nicht zur Kerkermeisterin, Iba, da Du selbst Deine innersten Gedanken und Empfindungen so frei herumschweifen läßt."

„Wolltest Du es anders haben, lieber Vetter? Soll ich sie ganz verschließen?"

„Nein, das nicht gerade. Ich möchte Dir nur noch zu bemerken geben, daß ich für einen Bruder in Deinem Sinne vollständig verdorben bin."

Da jetzt die Tante zurückkam und ihren Neffen noch so viel zu fragen hatte, worauf sie dessen Antwort erwartete, fiel Iba's Schweigen nicht auf. Deren Augen aber streiften einige Male den Vetter und ihre Miene schien sagen zu wollen:

„Der gute Vetter ist verliebt. Es thut mir leid für ihn, aber ich kann ihm nicht helfen."

Heinrich hatte aber Mühe genug, um seiner Tante keine zerstreuten Antworten zu geben. Seine Miene war wieder getrübt, seine Blicke hefteten sich häufig auf den Boden. Mechanisch bückte er sich dabei, um ein weißes Blättchen aufzuheben, welches das Muster des Fußteppichs unangenehm unterbrach. Ebenso unwillkührlich und mechanisch betrachtete er das weiße Blättchen. Es war eine Visitenkarte von gewöhnlicher Form. Aber es mußte ein nicht gewöhnlicher Name darauf stehen, da er plötzlich stutzte.

„Begegnet mir denn dieser Name hier allenthalben?" sagte er jetzt zu sich selbst, und las den kurzen Inhalt des Kärtchens noch einmal.

„Was beschäftigt Dich? Was hast Du da?" fragte die Tante.

„Wie kommt denn diese Karte in Dein Haus, liebe Tante?"

„Wahrscheinlich auf dem gewöhnlichen Weg. Es wurden während meiner kurzen Abwesenheit mehrere abgegeben."

„Kennst Du Herrn v. Helming aus Braunschweig?

Eine seltsame Bewegung glitt bei dieser Frage über das Antlitz der Tante, die keinen Zweifel mehr hatte, daß sie das Kärtchen in der Eile über den Rand ihres Sekretärs hinuntergeschoben habe. Sie hatte sich jedoch schnell zu der Antwort gefaßt:

„Etwas kenne ich ihn — von früher."

Wildhoff hatte offenbar Lust bei dem Stoff zu verweilen, aber er konnte keine weitere Frage stellen. Denn das zierliche, rothbäckige Kammermädchen zeigte sich am Eingange.

Iba warf einen forschenden Blick nach ihr, die Mutter aber fragte:

„Was gibt's denn, Jeanette?"

Darauf näherte sich das schmucke Kind der Dame des Hauses und flüsterte ihr etwas zu, das Wildhoff nicht hörte, da er Iba beobachtete, welche ihr schönes Haupt aufgerichtet hatte und mit aufmerksamer Spannung hinüber zu horchen schien. Daß sie Einiges von dem Inhalte der Botschaft vernommen oder auch blos errathen habe und daß dieser Inhalt sie in hohem Grade berühren mußte, merkte er an der Gluth, die plötzlich von der etwas geöffneten Busenwölbung her über die plastischen Schultern, Hals, Kinn und Wange des herrlichen Mädchens emporstieg und selbst die Stirne noch bis zum Scheitel färbte.

Die Tante warf einen keineswegs ruhigen Blick, zuerst auf die Tochter, dann auf den Neffen. Sie nagte dabei etwas an der, noch immer vollen und schöngeschweiften Unterlippe, als ob sie innerlich nach einem Entschlusse ringe.

Endlich mußte sie diesen nun auch gefunden haben, denn sie ließ flüsternd gegen das Kammermädchen einige Worte fallen, und dieses entfernte sich eiligst.

Nun trat ein Moment der Spannung nicht blos für die Damen ein, sondern auch für Wildhoff, dem die große Erregung von Mutter und Tochter, welche bedeutsame Blicke wechselten, nicht entgehen konnte. Die Tante rang sichtlich mit Anstrengung nach Fassung und gleichmüthiger Ruhe. Iba aber glühte noch immer, ihr Busen wogte, ihre Augen flammten und hafteten leuchtend, verlangend, fast schwelgerisch an der verhängten Flügelthüre. Wildhoff sah es. Unwillkürlich folgten seine Blicke den ihrigen, und hängten sich in eifersüchtiger Regung an die offene Portière.

Wäre nun durch den Vorsaal außen die weiße Frau geschwebt, ein schreckliches Gespenst aufgetaucht oder der Fürst der Hölle selbst erschienen in seinem infernalischen Staat — Fledermausflügel, Krallenfinger, tubera frontalia — so wie er sich im entscheidenden Moment dem Calderon'schen Magus entpuppt: Heinrich Wildhoff würde sicherlich weniger davon berührt gewesen sein, als von der minder schrecklichen, viel gefälligeren Erscheinung einer dunkeln Uniform, welche durch den Faltenrahmen der grünen Portière gewahrt werden konnte.

Achtes Capitel.
Unser Held findet Veranlassung zum Sticheln und macht Erfahrungen.

Jählings, wie der in die Augen beißende grelle Blitz, durchzuckte bitteres Weh das Wesen Wildhoffs und fuhr erschütternd durch sein Seelenleben, um einen klaffenden Riß zu hinterlassen. Der Anblick Iba's, mit allen verrätherischen Zeichen einer glühenden Leidenschaft, war der herbste Schmerz, den er seither empfunden und stürzte mit einem Male — mit dem Glauben an sich selbst — das erträumte Glück seiner Liebe, alle seine langgenährten Hoffnungen. Es war eine leidvolle tiefempfundene Enttäuschung, die jetzt der Zuversicht seines Selbstgefühls ward, eine schwere blutige Verletzung seines Stolzes.

Und so saß er da und starrte vor sich hin, mit krampfhaft verzogener Miene, welche die Leidenschaften spiegelte, die sich jetzt in seiner Seele tummelten. Tiefer Schatten umwölkte seine Stirne, seine Augen hatten denselben drohend finstern Glanz gewonnen, wie einige Tage vorher beim ersten Anblicke desselben eleganten Officiers, dessen gewinnende Erscheinung mit der feinen Tournüre in der Stunde, wo er das Haus seiner Tante wieder zum ersten Male betrat, ihm vor seinen Augen auftauchte.

Seltsam! der, den er vorahnend schon wie sein verkörpertes feindseliges Schicksal gehaßt, stand jetzt da außen in den Zimmern seiner Tante, und alle Pulse seines schönen Bäschens flogen diesem zu und hießen ihn tausendmal willkommen.

Auch der schmucke Officier im Vorsaal draußen stutzte, als ihn ein Blick durch die Portière hindurch einen jungen Fremden, von gefälligem Aeußern, bei den Damen im Boudoir der Hausfrau erkennen ließ. Er verzog dabei jedoch nur ein wenig die Lippen und gab dem Schnurrbart einen besonders kecken Aufstrich, als er mit sekundenlangem Unbehagen des ungewöhnlich verzögerten Empfangs harrte.

Frau von Luckner hatte sich nur etwas weniger beeilt, weil sie ihre Verwirrung zu bemeistern, ihr Benehmen zu regeln hatte. Ihre Geistesstärke half ihr aber auch in diesem verfänglichen Momente rasch zu der nothwendigen Sammlung und vielgeübten Selbstbeherrschung. Sie unterdrückte die äußeren Zeichen der Beklemmung über einen Besuch, der sonst nie, doch aber in diesem Momente ungelegen kam. Nun aber eilte sie mit aller ihr zu Gebot stehenden anmuthigen Würde dem Gaste entgegen und beantwortete dessen Befürchtung, stören zu können, mit der freundlichsten Einladung, es sich im vertraulichen Familienzirkel gefallen lassen zu wollen. Dennoch war dem scharfen Blicke des jungen Hofmannes nicht entgangen, was die kluge Frau innerlich bewegen mochte. Er schloß daraus mehr als aus der Miene des Fremden, daß er in demselben einem Rivalen begegne.

Wenn er deswegen überhaupt eine Besorgniß hegte, so war der Anblick der Tochter des Hauses am geeignetsten, sie zu zerstreuen. Iba gab sich, die Gegenwart des Vetters vergessend, ganz dem Eindrucke des Augenblicks hin. Ihre freudige Aufregung konnte und wollte sie nicht verbergen. So harrte sie von ihrem Platze aus des Eintretenden mit jenem verschämt glücklichen Lächeln, welches auch ohne Worte den angenehmsten Willkomm bietet.

Zwar bot Iba demselben nicht die Wange, wie sie dieselbe dem Vetter geboten, so daß der Officier sich begnügte, das schöne Mädchen in der herkömm=

lichen galanten Weise zu begrüßen. Auch nannte sie diesen nicht „lieber Vetter", wie sie den Architekten geheißen. Und dennoch, welch' ungleich anderer Empfang, als der, welcher dem nach langer Abwesenheit wieder Heimgekehrten zu Theil geworden!

Der Argwohn hatte noch Wildhoffs Blick geschärft; und, seltsam genug, fast mit mehr Bitterkeit, als die warmen Gefühle der Tochter erfüllte ihn das unverkennbare lebendige Interesse der Mutter an dem jungen Hofmanne und Günstling, die sichtliche Begünstigung seiner Annäherung an ihr einziges Kind, eine Begünstigung, die auch noch durch ihre momentane beklemmende Anwandlungen durchleuchtete. Und doch hatte die kluge Frau ihm selbst in Dutzenden von Briefen keineswegs mißverständliche Andeutungen über ihren Wunsch einer engeren Verbindung zwischen dem Neffen und der Tochter gemacht, — Wildhoff hatte sich gewöhnt, vertrauensvoll sein ganzes Lebensglück auf diesen Plan zu gründen!

Und jetzt?

Bleich und düster, mit Betrachtungen, welche in trüber Fluth über seine Seele hinstürzten, saß Wildhoff noch immer im Hintergrunde auf dem Fauteuil, während der neue Ankömmling sich als frisch gebacke-

ner Hauptmann vorstellte, Gratulationen empfing und
Frag' und Antwort über den verlängerten Aufenthalt
auf der Sonnenreut wechselte.

Erst als die Tante, nach einigen vergeblichen
Versuchen abzubrechen, nicht länger die gegenseitige
Präsentation der jungen Herren verzögert wissen wollte
und sich entschieden ab und zu dem Neffen wandte,
erhob sich dieser langsam von seinem Sitze. Seine
Verbeugung und die wenigen Worte, welche er den
verbindlichen des jungen Hofmannes entgegensetzte,
entsprachen zwar äußerlich den Anforderungen der
guten Sitte, waren aber doch von jener frostigen
Höflichkeit, die einer ablehnenden Haltung gleichkommt.
Während der Eine das unangenehme Gefühl, das ihn
beim Anblicke des schlanken jungen Fremden in vertrauter Nähe der reizenden Ida beschlichen, unter
einer beglückten Miene vergrub, konnte der Andere
seine Empfindungen nicht gleich gut verbergen.

Soviel natürliches Talent der junge Hofmann
auch hatte, sein Benehmen unabhängig von seinen
Leidenschaften den Umständen anzupassen, erschien es
doch der Frau v. Luckner, als ob ihm heute so gut
wie ihr selbst die völlige Unbefangenheit fehle. Das
Beengende der Gegenwart eines Vierten schien seinem

Verhalten etwas erzwungen Reservirtes, seiner Unterhaltung etwas allzu Aphoristisches zu geben. Dabei warf er oft mitten im Gespräche aus seinen Augen gleichsam Leuchtkugeln aus, um das Terrain zu erforschen, sah oft prüfend nach dem aufgetauchten Vetter, der so brütend auf seinem Fauteuil saß und durch den Besuch wenig erbaut schien. Mit nicht geringer Pein bemerkte die Tante die spionirenden Blicke, welche sich die Beiden zusandten, — wie selbst des Offiziers Augen einige Male nachdenklich auf dem Gesichte Heinrichs verweilten, während dieser in brütender Verdüsterung sich wenig an der Conversation betheiligte.

Allem dem gegenüber war jedoch Iba die Unbefangenheit selbst. Ein Kind des Augenblicks und nicht gewöhnt, sich Zwang anzuthun, plauderte, lachte, scherzte, neckte sie und sprang von einem Gegenstand zum andern. Und in der That, wenn ihre Lippen auch nicht Zeugniß für ihr Vergnügen abgelegt hätten, so verrieth sich ihr Glück doch durch die gesteigerte Klarheit und den Glanz ihrer Augen, durch die fast leuchtende Glätte ihrer Stirne, durch das wundervolle Aufblühen und Schwellen ihres Antlitzes, durch freieres Athmen und das fröhliche Wogen ihres

Busens. Sie war wunderschön in ihrer Freude, für ihren Vetter aber ein schmerzender Anblick.

Grimmiges Leid fraß sich in sein Herz ein. —

Aber er faßte seinen Entschluß. Mit männlicher Entschiedenheit verzichtete er jetzt schon innerlich. Selbst wenn seine Liebe zu Iba einen noch viel schwärmerischern, glühenderen Charakter getragen hätte, würde er nach dieser Erfahrung auch die dargebotene Hand ausgeschlagen haben.

Er ahnte dabei nicht, wie sein Verhängniß mit ihm spielen wollte, und daß er auch heute noch ein Glücklicher zu nennen war gegen spätere Tage.

Durch seinen innerlichen Verzicht hatte er Stärke und Unbefangenheit genug gewonnen, um sich zur Freude seiner Tante wieder etwas mehr an der Conversation zu betheiligen.

Er wollte die Unbefangenheit, mit welcher Iba ihn über der lebhaften Unterhaltung des Besuchs vergaß, verwinden. Aber Iba war wie in einem Zauber befangen. Gelegentliche Fragen des Vetters beantwortete sie nur kurz und so nebenbei, indem sie sich immer wieder rasch dem schönen Hauptmann zuwandte. Stellten die Herren einmal zu gleicher Zeit eine Frage, so konnte Wildhoff sicher sein, daß die seinige von Ida zuletzt und ziemlich gleichgültig beantwortet wurde, wenn sie überhaupt nicht ganz überhört worden war.

An solche Vernachlässigung — die durch ihre Absichtslosigkeit noch verletzender ward — nie und nimmer gewöhnt, kam wirklicher Grimm in seine Verstimmung, besonders bei der Beobachtung, daß der Offizier mit wiederhergestellter bester Laune den schmeichelhaften Triumph als selbstverständlich hinnahm.

Einige Mal wiederholte der junge Hofmann Wildhoffs Reden in euphemistischer Wendung, indem er sie seiner zwar gewandten und leichten, aber ebenso inhaltsleeren Conversation einfügte. Es lagen darin kleine versteckte Zurechtweisungen, die den Architekten erbitterten. Doch wollte er seine Erregtheit keineswegs zeigen, um dem höfischen Besuch nicht noch mehr Uebergewicht zu verleihen.

Als er jedoch von Ida auf einige Fragen keine Antwort erhielt, wollte er die so sehr Gefesselte nicht länger durch Fragen behelligen oder ihr Lauschen auf die schönen Worte des Offiziers noch einmal einer Unterbrechung aussetzen. Er lehnte sich an die Lehne seines Sitzes zurück und verharrte in finsterm Schweigen.

Wohl sah die Tante, was in seiner Seele vorging. Sie fühlte um so größere Theilnahme für seine Lage, als sie sich einer Schuld an der Nährung seiner Hoffnung, wie an deren Zerstörung selbst bewußt war. Nur mit Beklommenheit hatte sie noch an des Neffen Heimkehr denken können, seit ihre Pläne weiter ausgriffen. Jetzt suchte sie den Gekränkten durch verdoppelte Freundlichkeit zu entschädigen, obwohl sie mitleidig fühlte, wie ungenügend dies ihm erscheinen mochte. Von Herzen wünschte sie diesmal die baldige Entfernung des sonst so willkommenen Besuchs. Aber Herr v. Leith saß ganz glücklich ihrer Tochter gegenüber. Nun versuchte die Tante der Unterhaltung eine mehr allgemeine Wendung zu geben und Heinrichs Betheiligung nicht nur zu ermöglichen, sondern gewissermaßen zu erzwingen.

„Also Sie werden den Sommer im königlichen Seeschloß zubringen!" tönte eben Iba's Stimme. „Wie herrlich ist's am See."

„Wenn er vom Lichte Ihres Antlitzes angestrahlt wird," sprach der Hofmann.

„Ja, Herr v. Leith, es ist unbeschreiblich schön dorten — Sie verdienen so viel Glück gar nicht!"

Eine leise Klage seufzte dabei aus Iba's Busen.

Ihr Angesicht aber schien wieder sonnenhell, als er erwiederte:

„Herrlichkeit, Schönheit und alles Glück wird in einem andern Theile des Hochlandes blühen, wenn wahr, was ich höre."

„Was denn?"

„Daß Sie wieder Ihr abgelegenes Pathmos beziehen werden."

„Ah", rief sie, ohne Widerspruch gegen das Compliment. „Traurig, daß die Mutter von der einsamen Sonnenreut nicht lassen will. Wie aber, Herr v. Leith, kommt unsere schlichte Sonnenreut zu dem erhabenen, apokalyptischen Namen?"

„Eine fromme Laune des Grafen Sporn, seine prächtige Einsiedelei Sporneck so zu nennen! Sie wissen ja, meine Gnädige, dessen Freunde sind manchmal Nachbeter seiner Einfälle."

„Also ein gewöhnliches Plagiat? Nicht einmal Original in seiner Anwendung!" rief Iba mit einer Miene kokettirender Unzufriedenheit. „Das hätten Sie nicht verrathen sollen, — da hat die Aufrichtigkeit des Militärs der Galanterie des Hofmannes einen Streich gespielt. Uebrigens habe ich heute das Wort in derselben Anwendung und zwar von Jemanden vernommen, der sich nicht zu Ihrem Freundeskreise zählt."

Ida wandte dabei ihr Antlitz leicht gegen den in seinem Schweigen verharrenden Vetter. Der aber ließ diese Art von Ermunterung zur Theilnahme am Gespräche völlig unbeachtet und konnte dies um so eher, als sie nicht als direkte Frage, sondern mehr nur als Erlaubniß angesehen werden durfte, von der er keinen Gebrauch zu machen geneigt war.

"Aber Du, lieber Heinrich, hast doch nicht aus derselben Quelle geschöpft?" fragte jetzt die Tante, indem sie sich herüberbeugte.

"Vielleicht doch," erwiderte dieser. "Ich profitirte dieser Tage unfreiwillig und zufällig von der geistreichen Unterhaltung einiger Cavaliere — auf der neuen Brücke."

Herr v. Leith sah überrascht auf den Sprecher. Und wenn er bei seinem Anblicke gemeint hatte, diesem Gesichte schon irgendwo begegnet zu sein, so wußte er nun, wo das geschehen war. Er biß sich auf die Lippen, indem er bei sich abschätzte, wieviel dieser Vetter der schönen Ida von jenem etwas indiskreten Gespräche erfahren haben möge.

"Wir waren ohne Ahnung," sprach er dann,

„daß unsere etwas ungestörte Conversation so scharfer Auffassung begegne."

„Die Schärfe der Ohren, mein Herr, hat weniger Verdienst dabei, als die Stärke der Lungen, welche noch durch das Brausen des Stroms Worte und Namen vernehmbar machten. Uebrigens," fuhr Wildhoff fort, „übrigens war für mich so wenig Vergnügen dabei, daß ich mich sofort aus der Hör= welte entfernte."

Herr v. Leith fühlte den Stich wohl und sein Blut wäre auch in die Wange geflossen, wenn das Erröthen dem angehenden Höflinge nicht als eine eben so üble und überflüssige wie gemeine Anwand= lung erschienen wäre. So begnügte er sich denn, die Lippen zusammenzukneifen und den Schnurrbart wie= derholt aufzustreichen, während Frau v. Luckner ihm zu gleicher Zeit beispringen und dem Gespräche eine unverfängliche Richtung geben wollte, als sie sich zu dem Neffen wandte:

„Ich dachte, das Wort sei eine Reminiscenz aus Deinen griechischen Reisen, lieber Heinrich. Hast Du doch eines Besuchs auf Pathmos mehrmals in Deinen Briefen erwähnt."

„Hab' ich das?"

„Wie? Du erinnerst Dich nicht mehr?"

„In einer zehnjährigen Correspondenz, liebe Tante, ist manches erwähnt, worauf man in der Folge vergißt," sagte er.

Frau v. Luckner war trotz ihrer Weltklugheit und Herrschaft über sich selbst nicht so gewappnet gegen derlei versteckte Ausfälle, als Herr v. Leith. Verwirrt zog sie sich in die Lehne ihres Stuhls zurück, indem sie aus den gesenkten Augen dem Vetter einen halb vorwurfsvollen, halb abbittenden Blick zuwarf. Da wandte sich nun Iba mit übermüthiger Heiterkeit an den Vetter.

„Willst Du mir eine Frage beantworten?"

„Wir sitzen einander so nahe, daß es unartig wäre, solche zu überhören," sagte Wildhoff.

Iba sah ihn an, als ob sie sich entsinnen wolle, wer das schon gethan. Dann fragte sie:

„Hattest Du auf dem classischen Boden der Apokalypse keine prophetischen Anwandlungen, keine Vision?"

„Ich bin kein Visionär, Iba! Habe keinen Blick in die Zukunft. Jedoch — was sollte mir denn vorschweben? Sollte es sich bei der Anwandlung um Dich selbst handeln?"

„Nehmen wir es an."

„Um — ein Herzensgeheimniß?"

„Setzen wir den Fall..." sagte Ida nach einer verlegenen Pause.

„Nun," erwiderte Wildhoff, „ich dächte, es bedürfe bei der Offenheit, mit welcher Du Deine Gefühle zu zeigen gewohnt bist, keiner besonderen Offenbarung."

Jetzt ergoß sich über Hals und Antlitz des schönen Mädchens eine so starke Gluth, daß er für die Zurücksetzung sich hinlänglich hätte gerächt fühlen mögen, wenn überhaupt seine Absicht dahin gegangen wäre. Dennoch waren seine Aeußerungen fast nur unwillkürliche Ausflüsse seiner Gereiztheit, mit denen sich sein bekommenes Gemüth Luft zu machen suchte.

Herr v. Leith hatte indeß Tact genug, um das Erröthen und die Verwirrung Ida's ganz zu übersehen und das Gespräch in gleichmüthigem Tone aufzunehmen.

„Offenheit und Aufrichtigkeit," sagte er, „sind schöne Prärogative der Verwandtschaft und gewähren eine vertrauliche Herzlichkeit, um die wir im Euphemismus des Gesellschaftstons Befangenen neidisch sind."

Zum Henker, dachte Wildhoff, — versucht der Geck nochmals in seiner geschraubten Weise mich zu hofmeistern? Er soll die Anmaßung büßen! Laut aber sagte er:

„Sie haben Recht, Herr v. Leith, den Vetter um das Vorrecht zu beneiden, die Wahrheit erkennen und auch manchmal sagen zu dürfen."

„Ein großes, ein schönes Wort: die Wahrheit," sagte der Hofmann. „Ich liebe sie auch — im edel=verhüllenden Gewande."

„Ich die nackte Wahrheit."

„Und doch wird sie im feinen Kleide überall eher Zutritt finden, als im Naturzustande."

„Hoffähig würde sie auch so nicht, und wären Sie Ceremonienmeister, Herr v. Leith, so würden Sie dieselbe auch trotz der schönsten Maske hinaus=weisen."

„Ich würde ihr vielleicht nur das rechte Hof=kleid geben, um ihr Zutritt zu verschaffen."

„Dann würden Sie eben das Hofkleid zulassen, nicht die Wahrheit. Die Wahrheit trägt überhaupt keine Orden noch Bänder. Kennen Sie den englischen Junius, Herr v. Leith? Ich empfehle Ihnen dessen Briefe zur Lectüre und darinnen auch die Stelle:

„Die Wahrheit braucht keine Verzierung, und was sie vom Pinsel borgt, ist Entstellung."

„Wollen wir es dahingestellt sein lassen," meinte der junge Hofmann lächelnd, während jetzt Ida mit ihrer Mutter leise flüsterte. „Jeder nimmt das, wie es ihm convenirt. Waren Sie längere Zeit in Rom, Herr v. Wildhoff?"

„Nur keine Euphemismen mit meinem bürgerlichen Namen, Herr v. Leith!" erwiderte der Architekt.

„Bitte um Entschuldigung. Schade, daß Sie nicht mehr da sind, da ich im nächsten Herbst im Gefolge Sr. Majestät dahin kommen werde."

„Hätte ich geahnt, Sie dadurch verpflichten zu können, würde ich sicherlich noch nicht heimgekehrt sein," sagte jetzt der Architekt in jenem trockenen Tone, der zweifelhaft ließ, ob er nicht eine Ironie verhüllte.

Herr v. Leith schien eine solche zu vermuthen, da seine Augen etwas unruhig zu Ida hinüberglitten. Dann aber meinte er:

„Es handelt sich nicht um mich, sondern um den Fall, daß Se. Majestät in Rom Ihre Führung beansprucht hätte."

„Das wäre vom König sehr freundlich gewesen."

„Se. Majestät sind immer gnädig, Herr Professor."

„Ich danke für die Lection im Hoftone, muß aber nochmals bitten, mir meinen schlichten Namen ohne Euphemismen zu lassen," sprach Wildhoff mit einem ruhigen Lächeln.

Herr v. Leith hatte offenbar ein Interesse daran, das Gespräch fortzusetzen, und die Damen fanden indeß Gelegenheit, ihre Gemüthsruhe zu erlangen.

„Ihre Kunst," fing also der Höfling wieder an, „hat an Sr. Majestät einen eifrigen, großmüthigen Beschützer. Haben Sie unsere herrlichen, überaus prächtigen neuen Straßen gesehen? Es sind glanzvolle, musterhafte Schöpfungen."

„Euphemismen, Herr v. Leith, allzu starke Euphemismen."

„Wie? Sie wären auch ein Verächter unsers neuen Styls? Das thut mir leid. Jedoch über Geschmacksachen läßt sich nicht streiten. Es fällt mir eben ein, daß Baron Buchberg sich nach talentvollen jungen Architekten umsieht. Seine Gärten im Norden der Stadt sollen zu Bauplätzen umgeschaffen und nach einem einheitlichen Plan ein ganz neuer Stadttheil mit großartigen Vergnügungslokalen erbaut werden, — wie ich höre ist schon eine Actiengesellschaft im Entstehen..."

Wildhoff, den die Gönnermiene, welche der Höfling anzunehmen sich vermaß, nicht wenig ärgerte, sah nicht ein, warum er nicht eben so leicht das Thema wechseln dürfe, als Herr v. Leith. Er antwortete auf dessen verstecktes Erbieten also gar nicht und fragte:

„Ist das derselbe Baron Buchberg, auf dessen Stammschloß man dieses Jahr Haberfeld getrieben? Ich hörte allzugerne einmal einen Augen- und Ohrenzeugen über diese seltsame, höchst interessante Volksvehme. Ich schwärme ordentlich für diese romantische, geheimnißvolle, culturliche Erscheinung in unserm modernen Leben."

Herr v. Leith behauptete seine Fassung besser, als die Dame des Hauses, während Ida ahnungslos zuhörte. Endlich sagte die Tante:

„Wenn Dir einmal getrieben werden sollte, lieber Heinrich, wirst Du weniger schwärmen."

„Mir getrieben? Du sprichst fast sybillinisch, liebe Tante."

„Es kann Jedem geschehen," setzte die Tante hinzu, „und keiner, dem es widerfahren, hegt mehr das romantische Interesse für diese Ungeheuerlichkeit."

Wildhoff hatte Sinn und Freude an allen ursprünglichen Aeußerungen eines noch unverflachten Volkslebens, wenn es vom geheimen Reize der Poesie umschwebt schien. Und dieser Reiz haftete in seinen Augen nun ganz besonders an dem nächtlichen Rügegerichte unter den oberländischen Bauern. Aber auch alle die andern Gründe, welche die Vertheidiger dieser einzigen Erscheinung vom sittlichen Standpunkte aus vorbringen, faßte er jetzt kurz zusammen und behauptete: es sei gut, daß neben den gewöhnlichen Gerichten noch dieser gefürchtete Bund bestehe, da dieser doch so manches sich blähende Laster, das ungestraft bliebe, mit seiner Acht treffe, kein Ansehn der Person scheue und besonders solche Sünder zu ereilen wisse, welche vor keinem Paragraphen des Strafgesetzbuches zu zittern brauchen und der öffentlichen Rechtspflege unerreichbar sind.

Herr v. Leith lächelte vornehm und überlegen ob dieses Eifers. Als nun Ida erwähnte, daß auch in Waldburg getrieben worden sei, da gerade die liebe, kleine Gräfin Adele dorten weilte, welche doch das beste, harmloseste und unschuldigste Wesen sei, vermochte Wildhoff nicht die Bemerkung zu unterdrücken:

„Ist sie das, woran nicht zu zweifeln, so thaten

ihr die Haberfeldtreiber so wenig, als die Füchse zu thun vermögen, welche um den Stammbaum schleichen, in dessen Aesten sie geborgen sitzt."

Diesmal mußte er doch in's Schwarze getroffen haben, da sich Herr v. Leith etwas verfärbte und dabei herüberblickte, als wolle er fragen: „Was weißt Du? — Oder sprach der Zufall aus Dir?"

Um seine Erregung jedoch zu verbergen, machte der Offizier ein leises Geräusch mit dem Säbel, auf dessen Knauf seine Hand lag, und erhob sich dann, um noch einige Worte mit der Tante über den wirklichen Ausbruch der Ministerkrise zu sprechen und über den Intendanten Jensen zu lächeln, der sich einbilde, ein Portefeuille zu erlangen. Dann verabschiedete er sich, indem er mit der Tochter des Hauses tröstende Blicke wechselte, während diese sich über den Vetter ärgerte; dem durchaus keine Herzlichkeit gegen den liebenswürdigsten aller Männer auf Erden abzugewinnen war.

Der Vetter ist eben eifersüchtig und liebt — hoffnungslos, dachte sie und ging auf ihr Zimmer zu dem Freund ihrer einsamen Stunden und Liebesträume, — an den Flügel. —

Neuntes Capitel.

Welches den Grund enthält, warum der Architekt hätte Jurist werden sollen.

Der von seinen Reisen heimgekehrte Neffe der Frau von Luckner besah sich, nach der Entfernung seines Rivalen, die Gemächer im Hause seiner Tante, welche er künftighin bewohnen sollte. Dann ging er vor dem Diner noch in seinen Gasthof, um die Rechnung zu berichtigen und die Ueberführung seiner Effecten zu überwachen.

Das zerstreute ihn, aber der Stachel blieb im Herzen sitzen, den ihm die verflossene Stunde hineingedrückt. Es war ein Wendepunkt in seinem Leben. Das glänzende Gebäude treugehegter Wünsche und langjähriger Hoffnungen war im Nu zusammen gestürzt. Wenn die früheren Pläne der Tante ihm bei eigener Gebundenheit eine Sicherheit gewährt hatten, welche auch seinem künstlerischen Thun und Streben zu Gute gekommen war; wenn er dabei auf das ihm

bestimmte Ziel mit leichtem Geschick und gutem Muth
lossteuern durfte, da es ihm den Lohn aller Mühen
verhieß: so war das Alles durch die Stunde des
Wiedersehens vernichtet, die er sich seit Jahren mit
den Farben eines Glücklichen ausgemalt hatte.

Es war ein schlimmer Schlag gegen Eigenliebe
und Selbstgefühl — dieser erste. Doch war Wildhoff
eine jener Naturen, die zu stolz sind, um einen Verlust zu beklagen, und die Wunden nicht sehen lassen
wollen, bis sie vernarbt sind. Mehr empört als trost-
los und niedergeschlagen, mehr gereizt als traurig nahm
er die Enttäuschung auf. Sein Stolz griff mit star-
kem Willen zu dem drastischen Mittel, diese Liebe
oder was es gewesen mit allen Wurzeln aus seinem
Herzen zu reißen, — und sein Stolz half ihm auch
über jeden dadurch verursachten Schmerz hinaus.

Nun bereute er, daß er in sich kleinlicher Verstimmung zu kleinlichen Nergeleien hinreißen ließ, statt
mit selbstbeherrschendem Gleichmuthe hinzunehmen,
was nicht zu ändern war.

Als er nun bei Tische erschien, war er in der
Stimmung, weder mit Gereiztheit noch affectirter Gleich-
giltigkeit, sondern mit dem Gleichmuthe eines ernsten
Mannes sich in seine Lage und sein Schicksal zu fin-

ren. Die Tafelzeit ging ziemlich still vorüber. Doch war jedes Wort der Tante herzlich und ihre Aufmerksamkeit wahrhaft mütterlich, während Ida zwar nicht schmollend, doch nachdenklich erschien und sich später unter dem Vorgeben von Kopfweh zurückzog. Eine von Schumanns leidenschaftlichen Compositionen tönte dann von ihrem Zimmer mit gedämpftem Klange in das Boudoir der Mutter, welche ihren Neffen zum Caffee dahin geführt hatte. Denn für ein Verweilen im Garten war das Wetter zu trübe und windig.

„Du thust mir doch den Gefallen, Heinrich, und rauchst Deine Cigarre," sagte die Tante, und erging sich in ihrer liebenswürdigen Art über Kleinigkeiten und Gewöhnliches. Nicht der geringste Vorwurf wegen Wildhoffs Anzüglichkeiten kam über ihre Lippen. Des Vorgegangenen wurde mit keinem Worte erwähnt. Und doch fühlte Wildhoff, daß die Tante manches auf dem Herzen habe, dessen sie sich vor ihm zu entledigen wünschte. Der Weg dazu schien gefunden, als die Tante, auf ihre Handarbeit blickend, welche die Pause ausfüllte, ruhig fragte:

„Du hast doch Ida nicht kränken wollen mit Deiner Aeußerung auf ihre Frage?"

„Warum stellte sie auch die wunderliche Frage!"

war seine Antwort, während der Rauch seiner Cigarette in leichten Ringeln emporwirbelte.

„Sie ist nicht so wunderlich, als sie erscheint, lieber Heinrich. Iba hat wie Jedermann einen besonders oft wiederkehrenden Traum. Nämlich, sie wandle mit einem unbekannten Begleiter am Meeresufer auf einer klippenreichen Felseninsel — Pathmos ist ja eine solche — Rosen pflückend über einem Abgrunde, als sie plötzlich . . ."

„Iba liebt es sonach immer noch über Abgründen zu wandeln, wie als Kind!" fühlte sich Wildhoff unwillkürlich veranlaßt, einzufallen. .

Die Tante sah ihn darüber aufmerksam und fast vorwurfsvoll an, bis sie endlich sagte:

„Es war ja ein Traum! — — Du mußt ihn übrigens nicht hören." .

„Doch, liebe Tante ich bitte und werde Dich nicht wieder mit einfältigen Bemerkungen unterbrechen."

„Gut, sie wird von ihrem fallenden Begleiter mit über die Klippe in's brandende Meer gerissen, — er rettet sich durch Schwimmen, sie aber sinkt unter und ertrinkt. Als sie nun wieder erwacht — Du weißt ja, daß man träumend auch im Tode wieder erwachen kann, — als sie erwacht, erkennt sie Dich, der sie aus der Fluth gezogen, eine noch krampfhaft gehaltene weiße Rose ihrer starren Hand entnimmt und dazu spricht (was sie immer mit Lachen erzählt:) Es ist gut so!"

„Und warum erzählt sie das lachend?" fragte Wildhoff jetzt mit großem Ernst.

„Du weißt ja, sie ist heiteren Temperaments und erkennt in dieser Resignation eines Vetters, daß es eine schöne Sache um das Leben sei, wäre es auch nur, um nicht auf solche Weise betrauert zu werden. Sie ist jedoch immer geneigt, Gleichgültigkeit oder Vernachlässigung lieber Verwandten in Gesellschaft als eine besondere Bevorzugung anzusehen, weil es von einer Vertraulichkeit zeugt, die wir gegen Fremde nie anwenden könnten oder uns zu Schulden kommen lassen dürften."

„Ich muß gestehen," sagte jetzt Wildhoff verwundert über diese gewundene, sophistische Beweisführung und Rechtfertigung, „es ist das eine originelle Auffassung, aber wohl die richtige, denn auch der Hauptmann von Leith bekennt sich zu derselben."

Frau von Luckner sah wieder auf ihre Arbeit nieder, fragte aber dann plötzlich, ohne aufzusehen:

„Und wie gefällt Dir Herr von Leith?"

„Mir? Wie er mir gefällt? Es ist das ja ganz gleichgiltig, — aber er könnte mir besser gefallen."

„Er ist doch ein feiner, artiger junger Mann."

Und Frau von Luckner sah noch immer auf ihre Arbeit nieder, während Wildhoff entgegnete:

„Wenigstens ein geborner Hofmann, hübsch, glatt wie Oel, galant — tanzt wie ein Starost, reitet wie ein Scheikh, lebt wie ein Marchese und das Alles gefällt den jungen Damen wohl, manchmal auch den alten."

„Mit einem Worte," sagte jetzt Frau von Luckner, ihre noch immer schöne Gestalt im Fauteuil aufrichtend: „Er ist ein Cavalier. Du könntest noch einige Eigenschaften nennen, die ihn Frauen und Männern empfehlen."

„Und diese wären?"

„Er ist ein Mann von Talent, ein Mann vom feinsten Tact, von großem Einfluß, und in der allerschönsten Carrière.

„Ein Günstling!" sagte Wildhoff kurz, und fast verächtlich.

„Ja, ein Günstling!" wiederholte die Tante das Wort, aber mit ganz anderer Betonung, als wolle sie sagen: Weißt Du was das ist? Du würdest wohl daran thun, es zu bedenken! — Laut jedoch fügte sie noch hinzu: „Er hat schon jetzt das ganze Vertrauen des Königs, noch bevor er Flügeladjutant geworden. Sagen wir also lieber: ein Freund des Königs."

„Könige sollen aber solche Freunde nicht haben!" sagte jetzt Wildhoff.

„Wie ungerecht! Das kann doch Dein Ernst nicht sein, Heinrich!"

Wildhoff jedoch erwiederte ruhig:

„Mein vollkommener Ernst. Da meine liebe Tante von je an Politik Gefallen gefunden, berufe ich mich auf den größten politischen Autor, den pseudonymen Junius, den ich heute bereits Herrn von Leith empfohlen. Dieser sagt nun in einem an den König Georg III. von England gerichteten Briefe: „Das Glück, welches Sie zum König machte, verbot Ihnen einen Freund zu haben; das ist ein Gesetz der Natur, welches nicht ungestraft verletzt werden kann; der betrogene Fürst welcher Freundschaft sucht, findet einen Günstling und in diesem Günstlinge den Ruin seiner Angelegenheiten." Was meinst Du nun, liebe Tante."

„Daß das, so allgemein hingestellt, zu hart, ja ungerecht ist. Das kann für das damalige England seine volle Gültigkeit gehabt haben, hat sie aber nicht für uns und im speciellen Falle."

„Ich meine doch, auch für uns!" sagte Wild=
hoff. „Die allgemeine Entmuthigung, das trostlose
fatalistische Hinleben, der Mangel an frischem, fröh=
lichen Aufstreben im Lande sind Erscheinungen, welche als Wirkungen des Günstlingswesens aufgefaßt werden, da nicht mehr das wahre Verdienst in Frage komme, son=
dern Gunst und königliche Freundschaften entscheiden."

„Und wer hat Dir das gesagt?" fragte die Dame des Hauses jetzt, indem sie ihre Arbeit und ihre Hände auf den Schooß legte, um den Neffen unver=
wandt anzublicken.

„Ich sehe nicht ein", antwortete dieser, „warum ich seinen Namen verschweigen sollte. Es ist mein Freund Dr. Ernst Herbert."

„Der Verfasser von Oswald dem Geiger, einiger culturlichen Werke, — der spätere Redakteur?"

„Derselbe!"

„So!" sagte Frau Luckner, noch immer den Kopf aufgerichtet und die Augen scharf auf die Miene Wildhoffs geheftet. Der Ausdruck ihres eigenen Ge=
sichts ward dabei ein ganz anderer, als gewöhnlich. Die freundliche Milde und Weichheit wich einer fast

männlichen Entschlossenheit und Bestimmtheit, als sie noch einmal wiederholte:

„So! Also ist er doch unzufrieden mit den Dingen, wenn er auch nichts thut, um sie zu ändern!"

Erstaunt über die Veränderung, welche in Haltung und Miene seiner Tante vorgegangen war, erwiderte Wildhoff:

„Darauf hat er — und wie mir scheint, mit Recht — verzichtet. Nachdem er große Opfer vergeblich gebracht, durfte er sich zurückziehen. Er ist Familienvater."

Die Tante sah jetzt einige Sekunden lang schweigend vor sich hin, wobei ein harter, fester Zug um ihren Mund immer deutlicher hervortrat. Hierauf aber sagte sie:

„Ich liebe die resignirenden Männer nicht."

„Seine Resignation war eine Folge der Verhältnisse, eine durch die Umstände gebotene, nothwendige," bemerkte Wildhoff, indem er mit Eifer fortfuhr: „Ueber die öffentlichen Angelegenheiten hatte er seine eigenen vernachlässigt, über dem gemeinen Wohl das seiner Familie aus den Augen gelassen und sah sich plötzlich von allen Hülfsmitteln entblößt in wirklicher bitterer Armuth."

Frau v. Luckner hob ihre weiße schmale Hand und ließ sie auf die Lehne fallen.

„Es kann ihm ja so leicht geholfen werden ...

„Ich glaube, das käme zu spät!"

„Warum? Wie so?"

„Weil er sich heute selber helfen zu können glaubt und das sicherer findet, als fremdem Wohlwollen zu vertrauen," sprach der Neffe.

„Aber, wenn man dem Könige sein neuestes Werk empfehlen ... ihn auf den Mann aufmerksam machen wollte ... Es könnte doch etwas geschehen..."

„Was ihn heute nach den überstandenen Leiden, welchen man ihn überlassen — nur vielleicht erbittern würde. Und wozu würde man sich für ihn, dem die Empfehlung ausländischer Herkunft fehlt, aufraffen? Zu einer Bagatelle gegen eine beengende, hindernde, fortwährende Verpflichtung. Ich glaube, er hofft und will nichts mehr von dieser Seite, wie er auch politisch nichts mehr von unserm Staate erwartet."

Die Tante wollte jetzt etwas Näheres über Ursachen und Gründe dieser Zurückgezogenheit und über die Natur eines Pessimismus erfahren, den sie wohl begriff, aber nicht theilen konnte, — und Wildhoff schilderte die frühere Hoffnungsfreudigkeit seines litte=

rarischen Freundes, dessen Entmuthigung gegenüber dem fanatisch durchgeführten System der neuen Aera, dann seine Uebernahme der Leitung eines politischen Blattes.

„Sein Blatt las ich mit Vergnügen," äußerte jetzt Frau v. Luckner. „Es war frisch, überzeugend geschrieben, schmeichelte weder nach oben noch nach unten, machte aber doch auch den Eindruck einer gewissen Gereiztheit und Nervosität des Redakteurs."

„Ah, der Teufel auch — bitte um Entschuldigung, liebe Tante — wenn Einem Alles aufgebürdet ist, wenn aufreibende Arbeit alles Fehlende ersetzen soll, wenn man für alle Sünden einer Partei verantwortlich gemacht ist, die ohne Einsicht und Opfermuth, unfähig und theilnahmlos dem täglichen Ringen ihres Organes nach gedeihlicher Existenz zusieht und sich nur in inneren Streitigkeiten gefällt: da bleibe man ruhig in unausgesetzter abhetzender Thätigkeit — ohne Hoffnung eines Erfolgs!"

„Und nun wiederholte Wildhoff die Darstellung seines Freundes über diese Verhältnisse, wie man die Unterstützung der Presse auffaßte, und verhehlte Herberts Auffassung der Ursachen und Folgen so wenig, als die bedenklichen Symptome eines nahenden Zerfalls.

Mit großer Aufmerksamkeit und Theilnahme hörte die Tante zu. Die Mittheilung gewährte ihr einen Einblick in Verhältnisse, die sie seither nur oberflächlich beachtet hatte und darum wenig kannte, wie denn ihre Begriffe vom Preßbetriebe und dem hierzu nothwendigen Aufwande so naiver und primitiver Natur waren, als sie in einer Stadt sein mußten, wo man eigentlich nur kleine Raubblättchen kannte.

Als ihr Neffe geendet hatte, sah sie sehr ernst drein und ihre Züge zeigten den Ausdruck, welchen sie im Verlaufe des Gesprächs angenommen, in nur noch deutlicherem Gepräge. Ihre Stimme hatte etwas von bedenklicher Ruhe, als sie endlich sagte:

„Ich fürchte, Dein Freund Herbert hat in Vielem, in den meisten Dingen Recht. Wir sind heruntergekommen — tief, tief, sehr tief. Aber" — und die immer noch schöne Büste der Frau hob sich dabei, ihr Kopf richtete sich auf — „eine um so schönere Aufgabe, uns wieder emporzubringen. — Heinrich, Heinrich, warum wurdest Du kein Jurist!"

Der Angerufene schaute befremdet, fast verblüfft auf seine Tante.

„Ich dächte," sagte er dann, „daß ich mit Deinem

Willen Architekt geworden und mich als solcher wohl genug befinde."

„Aber," redete die Tante weiter, „in unserer politisch bewegten Zeit, was könntest Du mit Deinem Talente erreichen, wirken! Welche Aussichten eröffneten sich jetzt für Dich! Juristen sind in unserm Staate Alles, können Alles, werden Alles. Verwaltung, Unterricht, Handel — Alles, Alles liegt von Staatswegen in den Händen von Juristen."

„Drum das Gedeihen von Allem!"

Die Tante hörte nicht auf den Einwurf und fuhr fort:

„Der Kunst bleibt in unserer bewegten Zeit nur ein untergeordneter Rang, — der Jurist kann Alles werden, und wärest Du's, Gott weiß, daß Du selbst nach einem Portefeuille greifen dürftest, sowie die Dinge jetzt für uns, für Dich und mich liegen. —

„Ja! Schon damals hätte ich die juridische Laufbahn für Dich vorgezogen, aber Dein Onkel — mein seliger Ministerialrath — sagte: es gebe der Juristen ohnehin zu viele, die Landesvertretung und Gesetzgebung hätte nur immer neue Aemter zu schaffen für die zahlreichen Beamtensöhne, die sich nur wieder in die Juristerei flüchten, und der Staat sei ohnehin gleichsam nur noch der Juristen wegen da, wie der König für unternehmende Ausländer. Er wolle nicht die Hand bieten — und so weiter! Du kanntest ihn ja."

„Der Onkel war ein gewissenhafter, patriotischer Beamter," sagte Wildhoff.

„Ja, das war er — Gott weiß es, das war er, mein braver, guter Luckner," sprach die Tante und sah bewegt zu dem Portraite ihres Mannes auf, das neben dem ihrigen über dem Sekretär hing. „Aber in seiner Gewissenhaftigkeit doch etwas zu ängstlich und minutiös. Es genirte ihn jede Berührung mit dem jeweiligen Freunde des Königs, und auch dem Kabinette gegenüber war er so unempfindlich! Denke Dir nur, Heinrich, erst nach seinem Tode erfuhr ich, daß er einmal zum Minister designirt gewesen, aber zu starr bei seiner Meinung von der Stellung geblieben sei! Andere waren nicht so engherzig und rutschten hinein!"

„Da handelte er, wie immer, als ein Mann von Ehre!"

„Aber ohne Ehrgeiz und Lebensklugheit, die denn doch erst den Mann vollenden!" erwiederte die Tante. „Wir müssen vor Allem die Macht erreichen, um das Beste zu wirken. Wir leben in keiner idealen Welt und müssen die Dinge nehmen, wie sie liegen, das Mittel ergreifen, das gegeben ist. Die Zustände sind ungesund, der Staat in einer nahezu kritischen Lage. So darf es nicht fortgehen! Um den Dingen aber eine Wendung zu geben, gebrauche man den Hebel, der seither zum Schlimmen gewirkt, einmal zum Guten."

„Und der wäre?"

„Diejenige Person, welche das Vertrauen des Königs besitzt und ihn — beeinflußt," sprach die Tante mit seltsamem Nachdrucke.

„Also der zeitweilige Günstling," sagte Wildhoff mit langsamer unzufriedener Betonung. „Da wären wir wieder am Aus- und Eingang Deiner Betrachtungen. O Tante, soll ich denn wiederholen, daß jede Günstlingswirthschaft, auch die beste, nichts taugt und demoralisiren m u ß!"

Die Tante wiegte lächelnd ihr Haupt, als sie nun sagte:

„So seid ihr Männer alle! So sind sie alle! Sie sehen das nahende Verderben, klagen darüber, jammern oder schimpfen, vermögen sich aber nicht aufzuraffen zu einer entschlossenen oder auch nur klugen That, die jenem steuert. Als ob wirklich alle Spannkraft im Lande gebrochen wäre, stehen sie rathlos, lassen sich

willenlos forttreiben, und sehen lieber Alles zu Grunde
gehen, als daß sie von einer vorgefaßten Meinung,
von einer persönlichen Antipathie oder auch nur eigen-
sinnigen Laune, einer Schrulle lassen, ohne welche sie
den Weg zum Bessern sogleich erkennen müßten. Man
spricht den Männern vorzugsweise Charakterstärke und
Muth zu. Ich sehe in einer solchen Scheu vor dem
einzigen Rettungsmittel, wo so viel auf dem Spiele
steht, weder Stärke noch Muth, sondern das Gegen=
theil. Darum, lieber Heinrich, will ich Dir jetzt
etwas anvertrauen, es wird Dir eine Erklärung für
vieles — Dunkle geben.

Und Frau von Luckner legte ihre feine, weiße
Hand auf den Arm des Neffen, beugte sich ganz zu
demselben herüber und sah ihn mit ihren großen,
noch immer schönen Augen durchbringend und fragend
an, als ob sie erforschen wolle, ob er auch ihr Vertrauen zu würdigen wissen werde. Seine Spannung
ward nicht wenig durch die feierliche Miene gesteigert,
mit der sie noch in zögerndem Schweigen verharrte.

„Um Gottes willen, Tante, was bedeutet das?"
fuhr er dann heraus, als sie noch immer das Ver-
sprochene zurückhielt.

„Es bedeutet, daß wenn die Männer ruhig sitzen

bleiben, die Frauen es verſuchen müſſen, helfend ein=
zugreifen!" ſagte ſie mit einem Ausdrucke, der einen
beſtimmten Entſchluß kundgab.

„Die Frauen?" rief Wildhoff ſeltſam berührt.

„Wenigſtens eine Frau!" antwortete ſie.

„Du, Tante?"

„Ich!"

Eine Pauſe trat ein. Frau von Luckner hatte
wieder ihre Hand von dem Arme des Neffen zurück=
gezogen, nicht aber ihre Blicke von deſſen Miene, und
ſaß kräftig aufgerichtet in ihrem Stuhle. Der Archi=
tekt aber ſtarrte ſie an, erſtaunt, verwirrt, nachdenk=
lich. Er wußte nicht, ob er lächeln oder zürnen ſolle
über dieſe vermeſſene Erklärung einer Frau. Und
doch kannte er ſeine Tante wieder zu gut, um anzu=
nehmen, daß ſie nicht genau überlegt habe, was ſie
hier ſagte. Es gehörte eben auch nicht viel Scharf=
ſinn dazu, um ihrem Gedankengang nachſpürend zu erra=
then, was ſich hinter dieſer einleitenden Erklärung noch
berge, oder auf welchen Plan ihr Entſchluß gegründet
war. Die Aufregung Wildhoffs war ſchon wieder
beſchwichtigt, als er jetzt mit kühlem Tone ſagte:

„Du wirſt doch kein Frauenregime im Auge haben,
liebe Tante."

Sie lächelte, als sie erwiederte:

"Es sind nicht die schwächsten Regenten gewesen, die Frauen, wie die Geschichte lehrt. Uebrigens beruhige Dich, lieber Heinrich! Ich will nicht herrschen, nicht regieren, — die Thorheit eines solchen Strebens wirst Du mir doch nicht zutrauen, und ich glaube, in meinem Alter ist man gesichert vor solchen Unterstellungen. Ich will nur beeinflussen können, um Gutes zu wirken, Schlimmes zu verhüten. Es genügt oft ein schwacher Anstoß, um die Dinge in's Rollen zu bringen und zum Besten zu leiten. Ich würde ganz im Hintergrunde bleiben und manchmal, wo es noththut, nur so antupfen, ein wenig schieben und Andere handeln lassen, die — jünger sind. Man kann so ohne Aufsehen Außerordentliches leisten. Und daß es anders werden muß, daß dieser gefährlichen Verdrossenheit und Apathie besonders im geistigen Bereich begegnet werde, die Talente im Lande wieder für den Staat interessirt werden müssen: das unterliegt doch gar keinem Zweifel. Aufmunterung in dieser Richtung kann Wunder wirken. Und das Verdienst wird auf die Regierung, den König oder — meinetwegen auf den Freund des Königs fallen, während ich bescheiden und zufrieden mit den Wirkungen im

Hintergrunde bleiben würde — als unbeachtete Triebfeder..."

„Und Schwiegermutter!" fiel Wildhoff trocken ein, um der Tante endlich auf das Schlagwort zu helfen und anzubeuten, daß er sie längst verstanden.

Sie erröthete ein klein wenig, verzog etwas den Mund und sah nach Heinrich auf. Sein ruhiges Aussehen ermuthigte sie, ihre Augen länger auf seinem Gesichte weilen zu lassen. Dann aber senkte sie dieselben in den Schooß, glättete die Falten ihres Kleides, und sagte:

„Ein solches Verhältniß wird, wie Du einsiehst, allerdings nothwendig werden, um etwas Dauerndes zu schaffen."

Als sie nun wieder aufschaute, vielleicht um den Eindruck ihrer Worte zu beobachten, zuckte eine leise Bewegung durch des Neffen Miene; dem Schmerz entstammend, schien sie sich in ein Lächeln zu verflüchtigen, das die Tante veranlaßte, dem Neffen näher zu rücken und ihm mit vertraulicher Herzlichkeit ihre Hand auf die seinige zu legen. Ihre Miene war jetzt leidvoll.

„Ich bitte Dich, Heinrich," fing sie dann mit bewegter Stimme, an — „beurtheile mich nicht falsch.

Beurtheile Du mich nicht falsch, das darf ich doch von Dir, den ich wie einen Sohn liebe, verlangen, — so viel Ursache Du auch zu haben glaubst, mir zu zürnen. Höre, was seither noch nicht aus meinem Mund gekommen ist, was selbst mein Gatte nie vernommen."

Und jetzt zitterte ihre Stimme vor innerer Erregung, und Heinrich fühlte das Beben ihrer Hand, da sie weiter sprach:

„Es lebt eine Leidenschaft von Kind an in mir, der ich jede andere geopfert, — eine Leidenschaft, die man im Herzen einer schwachen Frau gewöhnlich nicht vermuthet: Ehrgeiz. Nicht Ruhmsucht, sonst wäre ich wohl zum Theater gegangen, — nicht Eitelkeit, sonst hätte ich sie auf andere Weise befriedigen können. Nein, der Ehrgeiz, etwas zu sein und zu wirken, wenn auch ohne es zu gelten, — die Liebe zur Macht, wenn auch ohne deren Schein. Diese Leidenschaft trieb mich schon in der Schule an, allen Genossinnen ihre Aufgaben zu fertigen, um mir Einfluß über sie zu sichern. Er trennte mich von meiner Schwester, Deiner armen Mutter, lieber Heinrich, da ich sie nicht begriff, als sie ihrem Herzen und ihrem Manne in eine kleine Provinzialstadt folgte, um da sich in der Gewöhnlichkeit zu vergraben. Und diesem

Ehrgeiz habe ich — mein Lebensglück, meine einzige
— Liebe geopfert!"

Sie hielt inne und schöpfte Athem, bevor sie
fortfuhr — etwas lauter, als die letzten Worte gesprochen
worden waren:

„Er war ein junger Kunstschriftsteller, — Iba's
Vater aber Jurist aus einflußreicher Familie, welche
dem Staate schon öfter die höchsten Beamten geliefert. So zog ich diesen vor, weil mir seine ruhige
Weise Einfluß über ihn und durch ihn versprach. In
dem Momente Deines Kommens, heute, war ich an
eine glückliche Stunde vor langer, langer Zeit, und
wieder an die schmerzliche des Scheidens erinnert. —
Doch genug. Denke Dir, mit welchen Empfindungen
ich Dich empfing, wenn ich an Deine Hoffnungen
dachte, die ich ja selbst in Dir genährt. Aber Iba
— ich darf es Dir nicht verhehlen, so schmerzlich es
Dir klingen mag — Iba liebt einen andern, liebt ihn
mit ganzer Seele, und — ich weiß es — wird ebenso wieder geliebt. Und dieser Andere gewährt mir
endlich die Aussicht, die Leidenschaft in vollster, schönster Weise befriedigen zu können, der ich vergeblich
das Opfer meines Lebensglücks gebracht hatte, so lange
Jahre hindurch. — —" .

Wieder schwieg die Tante, als wolle sie dem Neffen Zeit zu einer Entgegnung lassen oder sich selbst zu Weiterem aufraffen. Die schöne alte Frau sah dabei tief ergriffen aus, und mit wahrer Seelenangst schien sie eines Wortes von Heinrich zu harren. Dieser sah ihre angstvolle Beklommenheit, so sehr sie sich auch Mühe gab, derselben Herr zu werden. Endlich fragte er:

„Also ist Iba mit Herrn von Leith bereits so gut als verlobt?"

„Nein, nein, das nicht, Heinrich!" sprach jetzt lebhaft die Tante. „Es existirt noch nicht die mindeste Verbindlichkeit von unserer Seite. Ich konnte dem Bunde ihrer Seelen kein Nein entgegensetzen, hielt aber auch das Ja zurück."

„Warum, liebe Tante?"

„Warum? Kannst Du wirklich glauben, daß ich Deiner dabei ganz vergessen?"

„Was das betrifft, liebe Tante, kann ich Dir alle Sorge von der Brust wälzen," sagte jetzt Wildhoff. „In demselben Momente, wo ich ihre Neigung zu Herrn von Leith erkannte, habe ich auf Iba's Hand auch verzichten müssen. Das ist natürlich."

Frau von Luckner athmete hoch auf und hatte selbst in diesem erregten Momente doch so viel Zartgefühl, die Erleichterung ihres Herzens nicht durch helle Freude kund zu geben. Aber sie heftete auf den Neffen einen Blick voll Zärtlichkeit und Innigkeit, indem sie seine Hand zwischen den ihrigen preßte und an ihre Brust drückte.

„So soll denn mit Gottes Wille die Sache sich zum Besten gestalten," kam ihr dann wieder von den Lippen. „Ida wird sich als Hofdame glücklich fühlen und keine schlechte Figur als solche spielen. Wir sind ja von Adel, und das ist mir jetzt einigermaßen um meines Kindes willen lieb. Erwin aber wird bald der mächtigste Mann im Lande sein, sobald er einmal wirklicher Flügeladjutant und in beständiger Begleitung des Königs ist, der keinen lieber um sich sieht, als ihn. Dann ist aber die Zeit gekommen, lieber Heinrich, wo Deinem Talente, dem Deiner Freunde und jedem begabten Manne im Lande sich der schönste Wirkungskreis öffnet —"

„Bitte, bitte, liebe Tante, um das Eine: laß nur mich aus dem Spiele!" sprach jetzt Wildhoff mit sanfterer Stimme, als die Bedeutung der Worte zu fordern schien. „Möge Dir Herr von Leith das

langentbehrte Glück, Großes und Gutes zu wirken,
gewähren. Zuvor sieh' Dir diese Sache jedoch noch
mit ganz ruhigem Blicke an und laß Dich nicht durch
die Gunst des Königs blenden. Das ist ein gebrech=
lich' Ding', — das Parquet der Paläste ein schlüpf=
riger Boden. Und was Herrn von Leith betrifft, so
zweifle ich nicht an seiner Ehrenhaftigkeit und Liebe
zu Jda, aber.."

„Sei unbesorgt, lieber Heinrich," sprach einfal=
lend die Tante mit einem beruhigenden Lächeln. „Da=
für laß mich sorgen. Ich kenne Erwin und weiß ihn
zu behandeln. Kenne ich ihn doch schon, seit er als
Unterlieutenant in den Salon der Frau von Henke
kam, deren Gatte als Günstling des Königs uns die
böse Erbschaft hinterlassen — Entmuthigung, der mit
Entschiedenheit entgegengewirkt werden muß. Darin
werd' ich mit Erwin nicht allein stehen. Es giebt
noch da und dort einen Mann im Lande, den man
nur herauszufinden wissen muß, — und ein solcher
ist, wie ich glaube auf meinen Hinweis hin, denn
es ist ein Freund des verstorbenen Luckner, bereits
für den wichtigen Posten des Unterichtsministers her=
ausgefunden. Der König weiß bereits um ihn, es
ist jedoch noch Geheimniß. Ich habe aber guten

Grund zu glauben, daß diesem Manne das Werk gelingen wird, an das wir jetzt Alles setzen müssen."

"Von Herzen wünsche ich, daß es gelinge," sagte Wildhoff, indem er seine letzte Cigarette verkohlt in den zierlichen Aschenbecher legte. "Aber wie, wenn der Staatswagen schon auf allzu schlüpfriger Bahn rollt und die ihn aufhalten und zurückdrängen wollen zerschmettert! Du mischt Dich in gefährliche Dinge für Frauen und weiblich, liebe Tante, würde ich es noch bedenken, ob das eigene Glück und das Deines einzigen Kindes auf der Basis so fest gegründet sein wird, welche stets von der Intrigue unterwühlt ist. Ich kann das jetzt, ohne Furcht mißverstanden zu werden, sagen; mein Verzicht auf Iba's Hand ist ein ernster, vollständiger, ohne Vorbehalt. Darum, wenn Deine Tochter Herrn von Leith liebt, bist Du auch seiner wirklich gewiß, Tante?"

"Fürchte nichts, gieb Dich keiner unnöthigen Besorgniß hin," beruhigte die Mutter wieder. "Seit er meiner Fürsprache bei Herrn von Henke die Aufmerksamkeit, welche ihm seitdem gewidmet worden, zu danken hat, beobachte ich ihn beständig und darf mich völlig auf ihn verlassen, da ihn, wenn auch nichts anderes, schon sein Dankgefühl an mich fesseln würde. Er wird ein guter folgsamer Schwiegersohn sein, was Du mit Deinem Kopfe, lieber Heinrich, kaum von Dir hätteft sagen lassen wollen."

Sie lachte nicht laut, aber doch sehr glücklich, als sie dies scherzend sagte und wieder seine Hände ergriff, die sie los gelassen hatte. Wildhoff aber sprach:

„Du bist jetzt in heiterer Laune, Tante, und Iba wird es wohl auch sein, wenn Du ihr mittheilst, daß Sie mir von nun an nur noch Bäschen oder, wenn es ihr lieber, Schwester ist!"

„Und Du bist mein lieber, lieber Sohn und ich werde Dir mein Lebenlang eine zärtlichere Mutter sein, als ich Dir eine Schwiegermutter hätte sein können."

Damit war sie aufgesprungen, hatte sich über ihn gebeugt und küßte ihn mehrmals auf Wange und Stirne. Dann sagte sie mit in feuchtem Glanz leuchtenden Augen nur noch:

„Gewiß, gewiß! Auch Du wirst glücklich werden!"

So endete das Gespräch zwischen der Tante und dem Neffen. —

Dieser hatte jetzt förmlich Verzicht geleistet. Das machte ihn ruhig, so daß er, als Iba sich endlich sehen ließ, unbefangen und freundlich mit ihr sprechen konnte, was ihr selbst so viel Freude bereitete, daß sie in ihrer halbverhüllten Heiterkeit sich äußerst liebenswürdig gegen den Vetter benahm.

Was die Tante in ihrer langen Unterredung mit ihm verrathen und geäußert hatte, wollte ihm doch bei reiflicher Ueberlegung fast mehr wie ein Bemühen erscheinen, sich und ihre Begünstigung der Liebe ihrer Tochter zu dem schönen Officier vor dem Neffen zu rechtfertigen, denn als ernstlicher Plan, obgleich er sich wieder gestand, daß ein solcher keineswegs außer ihrem Charakter liege. Vor diesem und ihrem hellen Verstande hatte er jedoch so hohe Achtung, daß er Ida dennoch nicht so ganz als das Opfer des Ehrgeizes ihrer Mutter ansehen konnte. Er wollte sich für's Erste die Dinge sich entwickeln lassen und der Klugheit der Tante dabei vertrauen.

Rascher als die rechte innige Liebe ihren Verlust verschmerzt hätte, überwand sein Stolz die erlebte Erschütterung. Wenn er auch sein Bäschen nicht ansehen konnte, ohne an die Vernichtung so lang gehegter Hoffnungen zu denken, war dennoch etwas in ihm, das ihn schließlich ob der Lösung beglückwünschte, die sein Herz zwar verwundet hatte, aber dasselbe auch frei machte von jeder Verpflichtung.

<u>Ende des ersten Bandes.</u>

www.ingramcontent.com/pod-product-compliance
Lightning Source LLC
Chambersburg PA
CBHW032109220426
43664CB00008B/1184